SIMPLEMENT DES FRUITS DE MER

100 RECETTES DE FRUITS DE MER DÉLICIEUSES ET DURABLES

Elia Moreau

Tous droits réservés.

Clause de non-responsabilité

Les informations contenues dans cet eBook sont destinées à constituer un ensemble complet de stratégies sur lesquelles l'auteur de cet eBook a effectué des recherches. Les résumés, stratégies, trucs et astuces ne sont que des recommandations de l'auteur, et la lecture de cet eBook ne garantit pas que les résultats reflèteront exactement ceux de l'auteur. L'auteur du livre électronique a déployé tous les efforts raisonnables pour fournir des informations actuelles et précises aux lecteurs du livre électronique. L'auteur et ses collaborateurs ne pourront être tenus responsables des erreurs ou omissions involontaires qui pourraient être constatées. Le contenu du livre électronique peut inclure des informations provenant de tiers. Les documents tiers incluent les opinions exprimées par leurs propriétaires. En tant que tel, l'auteur du livre électronique n'assume aucune responsabilité pour tout matériel ou opinion de tiers. Que ce soit en raison de la progression d'Internet ou des changements imprévus dans la politique de l'entreprise et dans les directives de soumission éditoriale, ce qui est déclaré comme un fait au moment d'écrire ces lignes peut devenir obsolète ou inapplicable plus tard.

Le livre électronique est protégé par copyright © 2024
avec tous droits réservés. Il est illégal de redistribuer, copier ou créer une œuvre dérivée de ce livre électronique en tout ou en partie. Aucune partie de ce rapport ne peut être reproduite ou retransmise sous quelque forme que ce soit sans l'autorisation expresse écrite et signée de l'auteur.

TABLE DES MATIÈRES

TABLE DES MATIÈRES..4

INTRODUCTION..8

HOMARD..9

    1. Homard Thermidor à la sauce Newburg.....................10
    2. Rouleau de homard du Maine.......................................13
    3. Homard Thermidor Farci..16
    4. Homard à la Vanille..19

CREVETTE..22

    5. Crevettes grillées épicées..23
    6. Crevettes grillées aux fines herbes............................26
    7. Crevettes en brochette...29
    8. Paquets de crevettes..32
    9. Crevettes au basilic...34
    10. Crevettes grillées enrobées de bacon......................36
    11. Crevettes grillées...38
    12. Cuire aux crevettes de l'Alabama...............................40
    13. Paesano presque aux crevettes..................................43
    14. Risotto aux haricots et crevettes...............................45
    15. Crevettes grillées à la bière...48
    16. Crevettes du Golfe bouillies..50
    17. Sauce Rémoulade..52
    18. Langoustines de Californie..54
    19. Crevettes et pâtes au champagne..............................56
    20. Crevettes à la noix de coco et gelée de jalapeño...................59
    21. Crevettes tempura à la noix de coco.........................61
    22. Cornsicles aux crevettes et à l'origan........................64
    23. Crevettes crémeuses au pesto....................................67

24. Crevettes Delta..69
25. Crevettes à la crème..72
26. Canots d'aubergines...74
27. Crevettes à l'ail..77
28. Crevettes marinées grillées...80
29. Crevettes du Texas..83
30. Brochettes de crevettes hawaïennes..............................86
31. Crevettes grillées au miel et au thym..............................88
32. Marinade à l'ail rôti..91
33. Crevettes piquantes et épicées.......................................93
34. Crevettes grillées à l'italienne..96
35. Crevettes Jerk avec riz jamaïcain sucré..........................98
36. Crevettes grillées au citron et à l'ail...............................101
37. Crevettes au poivre et au citron vert.............................103
38. Esplanade de crevettes de Louisiane...........................105
39. Crevettes sautées Malibu..107
40. Crevettes au four...110
41. Salade de crevettes vraiment cool................................113
42. Crevette de roche M-80..115
43. Toast de la ville...119
44. Crevettes à la Plancha sur Toasts d'Allioli au Safran........122
45. Curry de crevettes à la moutarde..................................127
46. Curry De Crevettes..129
47. Crevettes à la sauce à l'ail..132
48. Crevettes à la crème de moutarde................................135
49. Gazpacho..137
50. Linguine Alfredo aux crevettes......................................140
51. Crevettes marinara..142
52. Crevettes Newburgh..144
53. Crevettes marinées épicées..147
54. Crevettes épicées de Singapour...................................150
55. Crevettes étoilées..153

PIEUVRE...155

56. Poulpe au vin rouge..156
57. Poulpe mariné...159
58. Poulpe Cuit Au Vin...162
59. Bébé poulpe grillé à la sicilienne...............................164

COQUILLES SAINT-JACQUES..................................168

60. Pâté aux fruits de mer..169
61. Pétoncles au four avec sauce à l'ail..........................173
62. Coquilles Saint-Jacques à la Provençale...................176
63. Pétoncles sauce au beurre blanc..............................178

ÉGLEFIN..181

64. Aiglefin au beurre aux herbes...................................182
65. Aiglefin aux épices cajun..186
66. Chaudrée d'aiglefin, poireaux et pommes de terre...............188
67. Haddock fumé et chutney de tomates......................190

SAUMON...193

68. Saumon au four magique...194
69. Saumon à la Grenade et au Quinoa........................197
70. Saumon au four et patates douces..........................201
71. Saumon au four avec sauce aux haricots noirs...........205
72. Saumon grillé au paprika et aux épinards.................208
73. Saumon Teriyaki aux Légumes..................................211
74. Saumon à l'asiatique avec nouilles...........................215
75. Saumon poché dans un bouillon de tomates et d'ail............218
76. Saumon Poché...222
77. Saumon poché avec salsa aux herbes vertes...........224
78. Salade froide de saumon poché...............................228
79. Saumon poché au riz gluant.....................................232
80. Filet De Saumon Aux Agrumes.................................236
81. Lasagne au saumon..239
82. Filets de saumon teriyaki..244
83. Saumon à la peau croustillante et vinaigrette aux câpres...247

- 84. Filet de saumon au caviar..250
- 85. Darnes de saumon grillées aux anchois...........................254
- 86. Saumon fumé grillé B BQ...257
- 87. Saumon grillé au charbon de bois et haricots noirs...........260
- 88. Saumon d'Alaska grillé aux pétards.................................264
- 89. Saumon grillé éclair..267
- 90. Pâtes au saumon grillé et à l'encre de seiche....................270
- 91. Saumon aux oignons grillés...273
- 92. Saumon sur planche de cèdre..277
- 93. Saumon fumé à l'ail...280
- 94. Saumon grillé aux pêches fraîches...................................282
- 95. Saumon fumé et fromage à la crème sur pain grillé...........286
- 96. Salade de saumon grillé au gingembre.............................289
- 97. Saumon grillé avec une salade de fenouil.........................293
- 98. Saumon grillé avec pomme de terre et cresson..................296

ESPADON..301

- 99. Espadon au sésame mandarine..302
- 100. Steaks d'espadon épicés..305

CONCLUSION...307

INTRODUCTION

Il y a peu de choses dans la vie qui ont un goût aussi délicieux et divin sur la langue qu'un homard fraîchement cuit ou savamment préparé, un plat de crevettes ou une assiette de thon. Si vous n'avez jamais connu le goût du crabe ou des fruits de mer qui fondent dans la bouche, ce livre est fait pour vous !

Il existe de nombreuses façons savoureuses d'incorporer les fruits de mer à vos préparations de repas. C'est une façon saine et délicieuse de manger des protéines maigres et rassasiantes, et l'épine dorsale du régime méditerranéen.

Les recettes ci-dessous comprennent du saumon, des crevettes, des pétoncles, du poulpe et de l'aiglefin. Chaque recette est relativement facile à réaliser et pleine de saveurs incroyables. Il y en a pour tous les goûts, du riz frit aux crevettes au saumon au pesto en passant par les pétoncles parfaitement saisis.

HOMARD

1. Homard Thermidor à la sauce Newburg

Ingrédients
Sauce
- 3 cuillères à soupe de beurre
- 1 tasse de jus de palourde
- 1/4 à 1/2 tasse de lait
- 1/2 cuillère à café de paprika
- Pincée de sel
- 3 cuillères à soupe de xérès
- 2 cuillères à soupe de farine tout usage
- 4 cuillères à soupe de crème légère

Homard
- 5 onces de chair de homard, coupée en morceaux de 1 pouce
- 1 cuillère à soupe de piments finement hachés
- 1/2 tasse de champignons tranchés épais
- 1 cuillère à soupe de ciboulette hachée
- Beurre pour faire sauter
- 1 cuillère à soupe de xérès

Sauce Newburgh
- 1/2 à 1 tasse de fromage cheddar râpé
- Préchauffer le four à 350 degrés F.

Instructions
a) Faire fondre le beurre à feu moyen-doux. Une fois complètement fondu, ajoutez le paprika et remuez pendant 2 minutes. Ajoutez la farine au beurre et remuez pendant 2 à 3 minutes pour cuire le roux. Remuer constamment pour éviter de brûler. Ajoutez le jus de palourde et remuez

jusqu'à ce que l'épaississement commence. Ajouter 1/4 tasse de lait, la crème légère et le xérès. Laisser mijoter pendant 5 minutes et, si nécessaire, ajouter 1/4 tasse de lait restant.

b) À feu moyen, faire fondre suffisamment de beurre pour recouvrir légèrement le fond d'une grande sauteuse épaisse. Placez le homard, la ciboulette, les piments et les champignons dans la poêle et remuez pendant 3 à 4 minutes. Augmentez le feu et ajoutez le sherry pour déglacer la poêle. Soyez prudent car le sherry peut s'enflammer à mesure que l'alcool brûle.

c) Incorporer 4 onces de sauce Newburg et remuer pendant 1 minute. Verser dans une cocotte individuelle et saupoudrer de fromage. Cuire au four environ 5 minutes ou jusqu'à ce que le fromage soit fondu et bouillonne.

2. Rouleau de homard du Maine

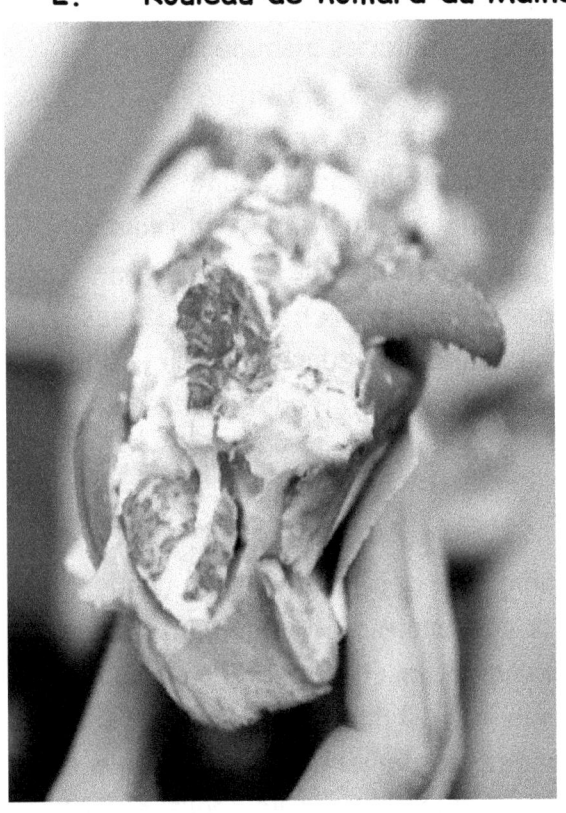

Ingrédients
- Quatre homards de 1 à 1 1/4 livre
- 1/4 tasse plus 2 cuillères à soupe de mayonnaise
- Sel et poivre fraîchement moulu
- 1/4 tasse de céleri finement coupé
- 2 cuillères à soupe de jus de citron frais
- Pincée de poivre de Cayenne
- 4 petits pains à hot dog fendus sur le dessus
- 2 cuillères à soupe de beurre non salé, fondu
- 1/2 tasse de laitue Boston râpée

Instructions
a) Préparez un grand bain d'eau glacée. Dans une très grande casserole d'eau bouillante salée, cuire les homards jusqu'à ce qu'ils deviennent rouge vif, environ 10 minutes. A l'aide de pinces, plongez les homards dans le bain d'eau glacée pendant 2 minutes, puis égouttez-les.

b) Retirez les queues et les pinces du homard et retirez la chair. Retirez et jetez la veine intestinale qui s'étend le long de chaque queue de homard. Coupez la chair de homard en morceaux de 1/2 pouce et séchez-la, puis transférez-la dans une passoire placée au-dessus d'un bol et réfrigérez jusqu'à ce qu'elle soit très froide, au moins 1 heure.

c) Dans un grand bol, mélanger la chair de homard avec la mayonnaise et assaisonner de sel et de poivre. Incorporer les dés de céleri, le jus de citron et le poivre de Cayenne jusqu'à ce que le tout soit bien mélangé.

d) Faites chauffer une grande poêle. Badigeonner les côtés des pains à hot-dog avec le beurre fondu et faire griller à feu modéré jusqu'à ce qu'ils soient dorés des deux côtés. Disposez les pains à hot dog dans les assiettes, remplissez-les de laitue râpée et de salade de homard et servez aussitôt.

3. Homard Thermidor Farci

Ingrédients

- 6 (1 livre) queues de homard surgelées
- 10 cuillères à soupe de beurre fondu
- 1 tasse de champignons frais tranchés
- 4 cuillères à soupe de farine
- 1 cuillère à café de moutarde sèche
- 2 traits de muscade moulue
- 2 traits de poivre de Cayenne
- 1 cuillère à café de sel
- 1 tasse de lait
- 1 tasse moitié-moitié
- 2 jaunes d'œufs légèrement battus
- 1 cuillère à café de jus de citron
- 2 cuillères à soupe de vin de Xérès
- 1/2 tasse de chapelure fine
- 2 cuillères à soupe de parmesan râpé

Instructions

a) Préchauffer le four à 450 degrés F.
b) Placer les queues de homard dans une grande casserole d'eau bouillante et couvrir. Cuire jusqu'à tendreté, environ 20 minutes; vidange.
c) Coupez chaque queue en deux dans le sens de la longueur et coupez la chair du homard en dés. Réserver les queues de homard vides.
d) Versez 1/4 tasse de beurre dans la casserole; ajouter les champignons et faire revenir jusqu'à ce qu'ils soient légèrement dorés. Incorporer la farine et incorporer les assaisonnements. Ajouter progressivement le

lait et moitié-moitié au mélange, en remuant constamment jusqu'à épaississement. Ajouter une petite quantité du mélange chaud aux jaunes d'œufs en remuant constamment. puis remettez le mélange de jaunes d'œufs dans la sauce à la crème, en remuant constamment et en cuisant jusqu'à épaississement. Incorporer le jus de citron, le xérès et la chair de homard; verser dans les coquilles de homard. Mélanger la chapelure, le parmesan et le reste du beurre; saupoudrer sur les queues de homard farcies. Placer sur une plaque à biscuits et cuire au four à 400 degrés F pendant 15 minutes.

Pour 6 personnes.

4. Homard à la Vanille

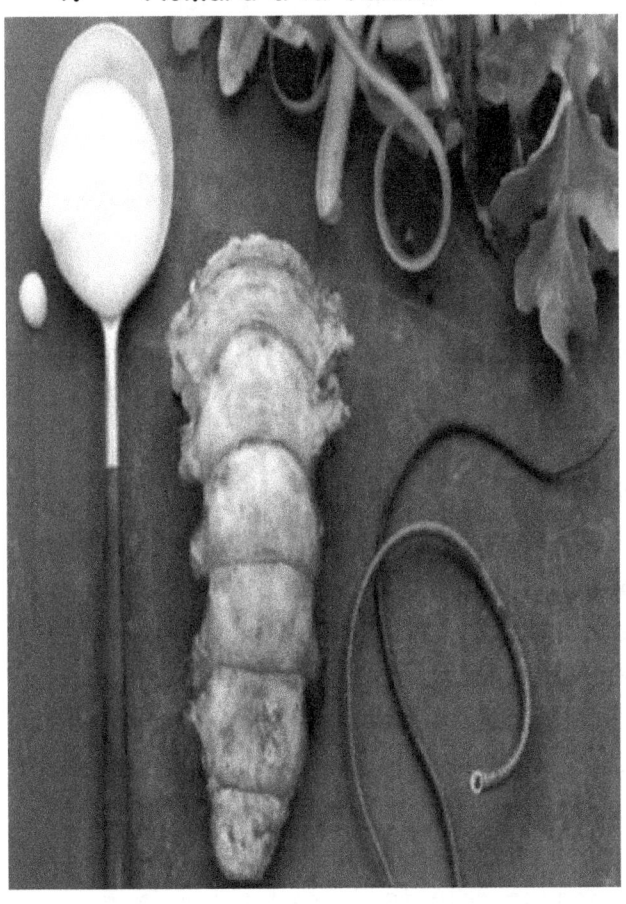

Ingrédients
- Vivant 1 1/2 livre de homard par personne
- 1 oignon
- 1 gousse d'ail
- Tomates pelées et hachées finement
- Un peu de vin ou de bouillon de poisson
- Beurre
- Sherry
- Extrait de vanille
- Poivre de Cayenne

Instructions

a) Coupez le homard en deux. Cassez les griffes et coupez la queue à travers les articulations. Faites fondre une noix de beurre dans une sauteuse, faites revenir doucement l'oignon et l'ail. Ajoutez les morceaux de homard et faites cuire jusqu'à ce qu'ils deviennent rouges, avant de les retirer dans un endroit tiède.

b) Augmentez maintenant le feu et ajoutez le reste des ingrédients, à l'exception de la vanille, du beurre et du poivre de Cayenne. Réduisez les tomates jusqu'à obtenir une bouillie bouillonnante, puis baissez le feu, ajoutez le beurre en morceaux et remuez pour empêcher la sauce de se séparer.

c) Enfin, ajoutez une demi-cuillère à café de vanille et un shake de poivre de Cayenne.

Versez la sauce sur le homard et servez avec du riz.

CREVETTE

5.   Crevettes grillées épicées

Pour 6 personnes

Ingrédients

- 1/3 tasse d'huile d'olive
- 1/4 tasse d'huile de sésame
- 1/4 tasse de persil frais haché
- 3 cuillères à soupe de sauce barbecue épicée au chipotle
- 1 cuillère à soupe d'ail émincé
- 1 cuillère à soupe de sauce chili asiatique 1 cuillère à café de sel
- 1 cuillère à café de poivre noir
- 3 cuillères à soupe de jus de citron
- 2 livres. grosses crevettes, décortiquées et déveinées
- 12 brochettes en bois trempées dans l'eau
- Frottement

Instructions

a) Fouetter ensemble l'huile d'olive, l'huile de sésame, le persil, la sauce barbecue épicée au chipotle, l'ail émincé, la sauce chili, le sel, le poivre et le jus de citron dans un bol à mélanger. Réservez environ 1/3 de cette marinade à utiliser pendant la cuisson.
b) Placez les crevettes dans un grand sac en plastique refermable. Versez le reste de la

marinade et fermez le sac. Réfrigérer 2 heures. Préchauffez le gril Good-One® à feu vif. Enfiler les crevettes sur des brochettes, en perçant une fois près de la queue et une fois près de la tête. Jeter la marinade.

c) Huiler légèrement la grille du gril. Cuire les crevettes 2 minutes de chaque côté jusqu'à ce qu'elles soient opaques, en les arrosant fréquemment avec la marinade réservée.

6. Crevettes grillées aux fines herbes

Pour 4 personnes

Ingrédients

- 2 livres. Crevettes géantes pelées et déveinées $\frac{3}{4}$ tasse d'huile d'olive
- 2 cuillères à soupe de jus de citron fraîchement pressé 2 tasses de basilic frais haché
- 2 gousses d'ail, écrasées
- 1 cuillère à soupe de persil haché 1 cuillère à café de sel
- $\frac{1}{2}$ cuillère à café d'origan
- $\frac{1}{2}$ cuillère à café de poivre noir fraîchement moulu

Instructions

a) Disposez les crevettes en une seule couche dans un plat peu profond en verre ou en céramique.
b) Dans un robot culinaire, mélangez l'huile d'olive avec le jus de citron.
c) Couvrir et réfrigérer 2 heures. Remuez les crevettes 4 à 5 fois pendant la marinade.
d) Préparez le gril.

e) Huiler légèrement la grille du gril.
f) Disposez les crevettes sur la grille huilée (vous pouvez les embrocher si vous le souhaitez) sur les charbons ardents et faites-les griller pendant 3 à 5 minutes de chaque côté jusqu'à ce qu'elles soient légèrement carbonisées et bien cuites. Ne faites pas trop cuire.
g) Servir immédiatement.

7. Crevettes en brochette

Pour 4 personnes (portions d'apéritif)

Ingrédients

- ½ cuillère à soupe de sauce piquante
- 1 cuillère à soupe de moutarde de Dijon 3 cuillères à soupe de bière
- ½ livre de grosses crevettes, décortiquées et déveinées
- 3 tranches de bacon, coupées en 12 lanières dans le sens de la longueur
- 2 cuillères à soupe de cassonade légère

Instructions

a) Mélanger la sauce piquante, la moutarde et la bière dans un bol à mélanger.
b) Ajouter les crevettes et mélanger pour bien les enrober. Réfrigérer au moins 2 heures. Égoutter et réserver la marinade. Enveloppez chaque crevette avec une tranche de bacon.
c) Enfiler 3 crevettes sur 4 doubles brochettes. Mettez les brochettes dans un bol peu profond et versez la marinade réservée. Saupoudrer les crevettes de sucre. Réfrigérer au moins 1 heure

d) Préparez le Good-One Grill. Placez les brochettes sur le gril, versez dessus la marinade et fermez le couvercle. Laissez cuire 4 minutes, puis retournez-les, fermez le couvercle et laissez cuire 4 minutes.
e) Servir immédiatement

8. Paquets de crevettes

Ingrédients

- 4 livres. Grosses crevettes
- 1 tasse de beurre ou de margarine
- 1 grosse gousse d'ail, hachée
- 1/2 cuillère à café de poivre noir
- 1 cuillère à café de sel
- 1 tasse de persil, émincé

Instructions

a) Peler et nettoyer les crevettes
b) Crème de beurre; ajouter le reste des ingrédients au beurre et bien mélanger. Coupez 6 bandes (9 pouces) de papier d'aluminium résistant. Coupez ensuite chaque bande en deux. Répartir les crevettes également sur chaque morceau de papier d'aluminium. Garnir chacun avec 1/12 du mélange de beurre, mettre du papier d'aluminium autour des crevettes; tourner fermement pour sceller. Placer les paquets de crevettes sur les braises. Cuire 5 minutes.

Donne 12 paquets

9. Crevettes au basilic

Ingrédients

- 2 1/2 cuillères à soupe d'huile d'olive
- 1/4 tasse de beurre fondu
- 1/2 citron, jus
- à soupe de moutarde préparée à gros grains
- onces de basilic frais émincé
- gousses d'ail, hachées
- sel au goût
- 1 pincée de poivre blanc
- 3 livres de crevettes fraîches, pelées et déveinées

Instructions

a) Dans un plat ou un bol peu profond et non poreux, mélanger l'huile d'olive et le beurre fondu. Incorporez ensuite le jus de citron, la moutarde, le basilic et l'ail, puis assaisonnez avec du sel et du poivre blanc. Ajouter les crevettes et remuer pour enrober. Couvrir et placer au réfrigérateur ou au réfrigérateur pendant 1 heure. Préchauffer le gril à feu vif.

b) Retirer les crevettes de la marinade et les enfiler sur des brochettes. Huiler légèrement la grille et disposer les brochettes sur le gril. Cuire pendant 4 minutes, en retournant une fois, jusqu'à ce que ce soit cuit.

10. Crevettes grillées enrobées de bacon

Ingrédients

- 1 livre. grosses crevettes
- tranches de bacon, coupées en 1/2
- fromage pepper jack

Instructions

a) Lavez, décortiquez et déveinez les crevettes. Fendez le dos de chaque crevette. Placez une petite tranche de fromage dans la fente et enveloppez-la d'un morceau de bacon. Utilisez un cure-dent pour maintenir ensemble.

b) Cuire sur le gril jusqu'à ce que le bacon soit légèrement croustillant. C'est délicieux et facile !

11. Crevettes grillées

Ingrédients

- 1 livre de crevettes de taille moyenne
- 3-4 cuillères à soupe d'huile d'olive
- 2 cuillères à soupe d'"Assaisonnement Old Bay"

Instructions

a) Peler et déveiner les crevettes en laissant les queues. Placez tous les ingrédients dans un sac à fermeture éclair et secouez bien. Cela peut mariner pendant 5 minutes ou plusieurs heures.

b) Placez les crevettes sur une « poêle à griller » (percée de trous pour que les crevettes ne tombent pas entre les grilles du gril) et faites griller à feu moyen-vif pendant plusieurs minutes. Très épicé

Pour 2 personnes

12. Cuire aux crevettes de l'Alabama

Ingrédients

- 1 tasse de beurre ou de margarine, fondu
- 3/4 tasse de jus de citron
- 3/4 tasse de sauce Worcestershire
- 1 cuillère à soupe de sel
- 1 cuillère à soupe de poivre grossièrement moulu
- 1 cuillère à café de romarin séché
- 1/8 cuillère à café de poivron rouge moulu
- 1 cuillère à soupe de sauce piquante
- 3 gousses d'ail, hachées
- 2 1/2 livres de crevettes grosses ou géantes non décortiquées
- 2 citrons, tranchés finement
- 1 oignon moyen, tranché finement
- Branches de romarin frais

Instructions

a) Mélanger les 9 premiers ingrédients dans un petit bol; annuler.
b) Rincer les crevettes à l'eau froide; bien égoutter. Disposez les crevettes, les tranches de citron et les tranches d'oignon dans un plat allant au four non graissé de 13 x 9 x 2 pouces. Verser le mélange de beurre sur les crevettes. Cuire au four à découvert, à 400 degrés F

pendant 20 à 25 minutes ou jusqu'à ce que les crevettes deviennent roses, en arrosant de temps en temps avec le jus de cuisson. Garnir de brins de romarin frais.

13. Paesano presque aux crevettes

Ingrédients

- Crevette
- 1 oeuf
- 1 tasse de lait
- Sel et poivre au goût
- 1 livre de crevettes extra-larges, décortiquées et déveinées, queues laissées
- 1/2 tasse de farine tout usage
- Huile végétale

Instructions

a) Dans un bol peu profond, mélanger les œufs, le lait, le sel et le poivre. Tremper les crevettes dans le mélange, puis les tremper légèrement dans la farine.

b) Faites chauffer l'huile dans une sauteuse jusqu'à ce qu'elle soit chaude, puis ajoutez les crevettes 4 à 6 à la fois, en vous assurant que les crevettes ont suffisamment d'espace pour cuire. (Il est important que les crevettes ne soient pas proches les unes des autres et ne se touchent pas.) Faites-les dorer d'un côté, puis retournez-les et faites-les dorer de l'autre. Cuire jusqu'à cuisson complète ou mettre sur une plaque à pâtisserie dans un four préchauffé à 350 degrés F pour terminer la cuisson.
Pendant ce temps, préparez la sauce.

14. Risotto aux haricots et crevettes

Ingrédients

- 1 ½ tasse d'oignon, haché
- 1 livre. crevettes décortiquées et déveinées
- 4 gousses d'ail, émincées
- 1 tasse de pois mange-tout
- 1 cuillère à soupe d'huile d'olive
- 1 boîte de haricots rouges ou ½ tasse cuite
- 3 à 4 onces. champignons, tranchés

- haricots rouges en sachet sec, rincés,
- 1 ½ tasse de riz Arborio, égoutté
- 3 boîtes de bouillon de poulet sans gras et à teneur réduite en sodium
- 1 tomate moyenne, hachée
- tasse de parmesan ou de fromage Asiago
- sel et poivre au goût

Instructions

a) Faire revenir l'oignon, l'ail et les champignons dans l'huile dans une grande casserole jusqu'à tendreté, 5 à 8 minutes.
b) Incorporer le riz et cuire 2 à 3 minutes.
c) Chauffer le bouillon jusqu'à ébullition dans une casserole moyenne; réduire le feu à doux. Ajouter 1 tasse de bouillon au riz et cuire, en remuant constamment, jusqu'à ce que le bouillon soit absorbé, 1 à 2 minutes. Ajouter

lentement 2 tasses de bouillon et laisser mijoter en remuant jusqu'à ce que le bouillon soit absorbé.

d) Ajouter les crevettes, les pois mange-tout et le reste du bouillon dans la casserole. Cuire, en remuant fréquemment, jusqu'à ce que le riz soit juste tendre et que le liquide soit absorbé, 5 à 10 minutes.

e) Ajouter les haricots et les tomates; cuire 2 à 3 minutes de plus. Incorporer le fromage; Assaisonner au goût avec du sel et du poivre.

15. Crevettes grillées à la bière

Ingrédients

- 3/4 tasse de bière
- 3 cuillères à soupe d'huile végétale
- 2 cuillères à soupe de persil haché
- 4 cuillères à café de sauce Worcestershire
- 1 gousse d'ail, hachée
- 1/2 cuillère à café de sel
- 1/8 cuillère à café de poivre
- 2 livres de grosses crevettes, non décortiquées

Instructions

a) Mélanger l'huile, le persil, la sauce Worcestershire, l'ail, le sel et le poivre. Ajouter les crevettes; remuer. Couverture; laisser reposer à température ambiante pendant 1 heure.

b) Égoutter en réservant la marinade. Placer les crevettes sur une grille à gril bien graissée; griller à 4 à 5 pouces du feu pendant 4 minutes. tourner; badigeonner de marinade. Faire griller 2 à 4 minutes de plus ou jusqu'à ce qu'il soit rose vif.

Donne 6 portions

16. Crevettes du Golfe bouillies

Ingrédients

- 1 gallon d'eau
- 3 onces de chair de crabe
- 2 citrons, tranchés
- 6 grains de poivre
- 2 feuilles de laurier
- 5 livres de crevettes crues dans leur carapace

Instructions

a) Porter à ébullition l'eau assaisonnée de bouillon de crabe, de citrons, de grains de poivre et de feuilles de laurier. Déposez les crevettes.

b) Lorsque l'eau revient à ébullition, faites cuire les crevettes géantes ou grosses pendant 12 à 13 minutes et les crevettes moyennes pendant 7 à 8 minutes. Retirer du feu et ajouter 1 litre d'eau glacée. Laissez reposer 10 minutes. Vidange.

17. Sauce Rémoulade

Ingrédients

- 1/2 cuillère à soupe de moutarde créole ou plus
- 2 cuillères à soupe d'oignon râpé
- 1 pinte de mayonnaise
- 1/4 tasse de raifort ou plus
- 1/2 tasse de ciboulette hachée
- 1/4 cuillère à café de sel
- 1 cuillère à soupe de jus de citron
- 1/4 cuillère à café de poivre

Instructions

a) Mélangez tous les ingrédients. Servir sur des crevettes bouillies froides pour un plat principal de rémoulade de crevettes ou utiliser comme trempette pour des crevettes bouillies. La sauce est meilleure après 24 heures.
b) Donne 2 1/4 tasses de sauce.

18. Langoustines de Californie

Ingrédients

- 1 livre de beurre clarifié
- 1 cuillère à soupe d'ail émincé
- 1 cuillère à café de sel
- 1 cuillère à café de poivre
- 1 1/2 livre de grosses crevettes, décortiquées et déveinées

Instructions

a) Faites chauffer 3 cuillères à soupe de beurre clarifié dans une grande poêle. Ajouter l'ail et faire revenir. Ajoutez du sel, du poivre et les crevettes, qui peuvent être papillonnées, si vous le souhaitez. Faire sauter jusqu'à ce que les crevettes changent de couleur et soient tendres. Ajouter le reste du beurre et faire chauffer. Disposer les crevettes dans des assiettes et verser du beurre chaud dessus.
b) Donne 4 à 6 portions
c)

19. Crevettes et pâtes au champagne

Ingrédients

- 8 onces de pâtes aux cheveux d'ange
- 1 cuillère à soupe d'huile d'olive extra vierge
- 1 tasse de champignons frais tranchés
- 1 livre de crevettes moyennes, décortiquées et déveinées
- 1-1/2 tasses de champagne
- 1/4 cuillère à café de sel
- 2 cuillères à soupe d'échalotes émincées
- 2 tomates italiennes, coupées en dés
- 1 tasse de crème épaisse
- sel et poivre au goût
- 3 cuillères à soupe de persil frais haché
- fromage parmesan fraîchement râpé

Instructions

a) Portez à ébullition une grande casserole d'eau légèrement salée. Cuire les pâtes dans l'eau bouillante pendant 6 à 8 minutes ou jusqu'à ce qu'elles soient al dente; vidange. Pendant ce temps, faites chauffer l'huile à feu moyen-vif dans une grande poêle. Cuire et incorporer les champignons dans l'huile jusqu'à ce qu'ils soient tendres. Retirer les champignons de la poêle et réserver.

b) Mélangez les crevettes, le champagne et le sel dans la poêle et faites cuire à feu vif. Lorsque le liquide commence à bouillir, retirez les crevettes de la poêle. Ajouter les échalotes et les tomates au champagne ; faire bouillir jusqu'à ce que le liquide soit réduit à 1/2 tasse, environ 8 minutes. Incorporer 3/4 tasse de crème; faire bouillir jusqu'à ce qu'il soit légèrement épais, environ 1 à 2 minutes. Ajouter les crevettes et les champignons à la sauce et faire chauffer.

c) Ajustez les assaisonnements au goût. Mélanger les pâtes chaudes et cuites avec 1/4 tasse de crème et le persil restants. Pour servir, déposer les crevettes avec la sauce sur les pâtes et garnir de parmesan.

20. Crevettes à la noix de coco et gelée de jalapeño

Ingrédients

- 3 tasses de noix de coco râpée
- 12 (16-20 ou 26-30) crevettes décortiquées et déveinées
- 1 tasse de farine
- 2 oeufs, battus
- Huile végétale

Instructions

a) Faire griller légèrement la noix de coco sur une plaque à biscuits dans un four à 350 degrés F pendant 8 à 10 minutes.

b) Papillonnez chaque crevette en la divisant dans le sens de la longueur vers le centre, en coupant les trois quarts du chemin. Saupoudrer les crevettes dans la farine puis les tremper dans l'œuf. Pressez la noix de coco râpée dans les crevettes, puis faites-les frire dans de l'huile végétale à 350 degrés F jusqu'à ce qu'elles soient dorées.

c) Servir avec de la gelée de jalapeño.

21. Crevettes tempura à la noix de coco

Ingrédients

- 2/3 tasse de farine
- 1/2 tasse de fécule de maïs
- 1 gros oeuf, battu
- 1 tasse de noix de coco fraîche râpée
- 1 tasse d'eau gazeuse glacée
- Sel
- 1 livre de grosses crevettes, décortiquées, déveinées et avec la queue
- Assaisonnement créole
- 1 pot de chutney de mangue
- 1 plantain
- 1 cuillère à soupe de coriandre finement hachée

Instructions

a) Préchauffez la friteuse.
b) Dans un bol à mélanger de taille moyenne, mélanger la farine, la fécule de maïs, l'œuf, la noix de coco et l'eau gazeuse. Bien mélanger pour obtenir une pâte lisse. Assaisonner de sel. Assaisonner les crevettes avec l'assaisonnement créole. En tenant la queue des crevettes, trempez-les dans la pâte, enrobez-les complètement et secouez l'excédent. Faites frire les crevettes par lots jusqu'à ce qu'elles soient dorées, environ 4 à 6 minutes. Retirer et

égoutter sur du papier absorbant. Assaisonner avec l'assaisonnement créole.

c) Épluchez les plantains. Tranchez finement les plantains dans le sens de la longueur. Faites-les frire jusqu'à ce qu'ils soient dorés. Retirer et égoutter sur du papier absorbant. Assaisonner avec l'assaisonnement créole.
d) Déposer un peu de chutney de mangue au centre de chaque assiette. Disposez les crevettes autour du chutney. Garnir de plantains frits et de coriandre.

22. Cornsicles aux crevettes et à l'origan

Ingrédients

- 6 épis de maïs
- 1 cuillère à café de sel
- 1/4 cuillère à café de poivre blanc
- 1 cuillère à soupe d'origan mexicain frais haché
ou
- 1 cuillère à café d'origan mexicain séché
- 12 crevettes moyennes
- 24 bâtonnets de glace

Instructions

a) Épluchez, déveinez et coupez les crevettes en dés. Coupez le maïs et retirez les cosses et la soie. Conservez et lavez les plus grosses coques. Coupez les grains de maïs de l'épi en grattant autant de lait que possible. Broyez les grains à l'aide d'un hachoir à viande doté d'une lame tranchante. Ajoutez le sel, le poivre blanc, l'origan et les crevettes. Bien mélanger.

b) Préchauffer le four à 325 degrés F.

c) Déposez une cuillère à soupe du mélange de maïs au centre d'une balle propre. Pliez le côté gauche de la coque vers le centre, puis le droit, puis pliez l'extrémité inférieure vers le haut. Poussez un bâton de Popsicle de 2 à 3 pouces dans l'extrémité ouverte et pincez la coque autour du bâton avec vos doigts. Déchirez un mince brin d'une enveloppe sèche et attachez-le autour de la cornée. Disposez les rouleaux, bâtonnets en l'air et très rapprochés, dans un plat allant au four en verre ou un moule à cake. Cuire au four 30 minutes, jusqu'à ce que le mélange de maïs soit ferme et solide.

d) Pour manger une cornsicle, décollez la balle de maïs et mangez-la chaude du bâton, comme vous le feriez pour une popsicle.

23. Crevettes crémeuses au pesto

Ingrédients

- 1 livre de pâtes linguines
- 1/2 tasse de beurre
- 2 tasses de crème épaisse
- 1/2 cuillère à café de poivre noir moulu
- 1 tasse de parmesan râpé
- 1/3 tasse de pesto
- 1 livre de grosses crevettes, décortiquées et déveinées

Instructions

Portez à ébullition une grande casserole d'eau légèrement salée. Ajouter les pâtes linguines et cuire 8 à 10 minutes ou jusqu'à ce qu'elles soient al dente; vidange. Dans une grande poêle, faire fondre

le beurre à feu moyen. Incorporer la crème et assaisonner de poivre. Cuire 6 à 8 minutes en remuant constamment. Incorporer le parmesan à la sauce à la crème en remuant jusqu'à ce que le tout soit bien mélangé. Incorporer le pesto et cuire 3 à 5 minutes, jusqu'à épaississement. Incorporer les crevettes et cuire jusqu'à ce qu'elles deviennent roses, environ 5 minutes. Servir sur les linguines chaudes.

24. Crevettes Delta

Ingrédients

- 2 litres d'eau
- 1/2 gros citron, tranché
- 2 1/2 livres de grosses crevettes fraîches non pelées
- 1 tasse d'huile végétale
- 2 cuillères à soupe de sauce piquante
- 1 1/2 cuillères à café d'huile d'olive
- 1 1/2 cuillères à café d'ail émincé
- 1 cuillère à café de persil frais émincé
- 3/4 cuillère à café de sel
- 3/4 cuillère à café de Old Bay assaisonnement
- 3/4 cuillère à café de basilic entier séché
- 3/4 cuillère à café d'origan entier séché
- 3/4 cuillère à café de thym entier séché
- Laitue frisée

Instructions

a) Porter l'eau et le citron à ébullition; ajouter les crevettes et cuire 3 à 5 minutes. Bien égoutter; rincer à l'eau froide. Épluchez et déveinez les crevettes en laissant les queues intactes. Placer les crevettes dans un grand bol.

b) Mélanger l'huile et les 9 ingrédients suivants; remuer avec un fouet métallique. Verser sur les crevettes. Remuer pour enrober les crevettes.

25.　Crevettes à la crème

Ingrédients

- 3 boîtes de soupe crème de crevettes
- 1 1/2 cuillères à café de poudre de curry
- 3 tasses de crème sure
- 1 1/2 livre de crevettes, cuites et décortiquées

Instructions

a) Mélanger tous les ingrédients et faire chauffer au bain-marie.
b) Servir sur du riz ou dans des coquilles de galette.

26. Canots d'aubergines

Ingrédients

- 4 aubergines moyennes
- 1 tasse d'oignons, hachés
- 1 tasse d'oignons verts, hachés
- 4 gousses d'ail, hachées
- 1 tasse de poivron, haché
- 1/2 tasse de céleri, haché
- 2 feuilles de laurier
- 1 cuillère à café de thym
- 4 cuillères à café de sel
- 1 cuillère à café de poivre noir
- 4 cuillères à soupe de graisse de bacon
- 1 1/2 livre de crevettes crues, décortiquées
- 1/2 tasse (1 bâton) de beurre
- 1 cuillère à soupe de sauce Worcestershire
- 1 cuillère à café de sauce piquante de Louisiane
- 1 tasse de chapelure italienne assaisonnée
- 2 oeufs, battus
- 1/2 tasse de persil, haché
- 1 livre de chair de crabe en morceaux
- 3 cuillères à soupe de jus de citron
- 8 cuillères à soupe de fromage Romano, râpé
- 1 tasse de fromage cheddar fort, râpé

Instructions

a) Coupez les aubergines en deux dans le sens de la longueur et faites-les bouillir dans de l'eau salée pendant environ 10 minutes ou jusqu'à ce qu'elles soient tendres. Retirez l'intérieur et hachez-le finement. Placer les coquilles d'aubergines dans un plat peu profond allant au four. Faire revenir les oignons, les oignons verts, l'ail, le poivron, le céleri, les feuilles de laurier, le thym, le sel et le poivre dans la graisse de bacon pendant environ 15 à 20 minutes. Ajouter les aubergines hachées et cuire à couvert pendant environ 30 minutes.

b) Dans une autre poêle, faire revenir les crevettes dans le beurre jusqu'à ce qu'elles deviennent roses, environ 2 minutes, puis les ajouter au mélange d'aubergines. Ajouter la sauce Worcestershire, la sauce piquante, la chapelure et les œufs au mélange d'aubergines. Incorporer le persil et le jus de citron. Ajouter le fromage. Incorporer délicatement la chair de crabe. Remplissez les coquilles d'aubergines avec le mélange. Cuire au four à découvert à 350 degrés F jusqu'à ce qu'il soit chaud et doré, environ 30 minutes.

Donne 8 portions

27. Crevettes à l'ail

Ingrédients

- 2 cuillères à soupe d'huile d'olive
- 4 gousses d'ail, tranchées finement
- 1 cuillère à soupe de poivron rouge broyé
- 1 livre de crevettes
- sel et poivre, au goût

Instructions

a) Faites chauffer l'huile d'olive dans une poêle à feu moyen. Ajouter l'ail et le poivron rouge. Faire revenir jusqu'à ce que l'ail soit doré, en remuant souvent pour s'assurer que l'ail ne brûle pas.

b) Mélangez les crevettes dans l'huile (faites attention à ce que l'huile ne vous éclabousse pas). Cuire 2 minutes de chaque côté, jusqu'à ce qu'ils soient roses.

c) Ajoutez le sel et le poivre. Cuire encore une minute avant de retirer du feu. Servir avec des tranches de baguette (façon tapas) ou avec des pâtes.

d) Si vous accompagnez des pâtes : Commencez dans une grande casserole. Faites cuire les crevettes comme indiqué, tout en préparant les pâtes dans une casserole séparée (vous commencerez probablement les pâtes avant les crevettes, car les crevettes ne prennent que 5 à 7 minutes). Pendant que vous égouttez les pâtes, réservez un peu d'eau pour les pâtes.

e) Lorsque les crevettes sont terminées, versez les pâtes cuites dans la casserole avec les crevettes et mélangez bien, en enduisant les pâtes d'huile infusée à l'ail et au poivron rouge. Ajouter l'eau des pâtes réservée, par incréments de cuillère à soupe, si nécessaire.

f) Garnir de persil haché.

28. Crevettes marinées grillées

Ingrédients

- 1 tasse d'huile d'olive
- 1/4 tasse de persil frais haché
- 1 citron, jus
- 2 cuillères à soupe de sauce au piment fort
- 3 gousses d'ail, émincées
- 1 cuillère à soupe de concentré de tomate
- 2 cuillères à café d'origan séché
- 1 cuillère à café de sel
- 1 cuillère à café de poivre noir moulu
- 2 livres de grosses crevettes, décortiquées et déveinées avec la queue attachée
- Brochettes

Instructions

a) Dans un bol à mélanger, mélanger l'huile d'olive, le persil, le jus de citron, la sauce piquante, l'ail, la pâte de tomate, l'origan, le sel et le poivre noir. Réservez-en une petite quantité pour arroser plus tard. Versez le reste de la marinade dans un grand sac en plastique refermable avec les crevettes. Fermer et laisser mariner au réfrigérateur pendant 2 heures.

b) Préchauffer le gril à feu moyen-doux. Enfiler les crevettes sur des brochettes, en perçant une fois près de la queue et une fois près de la tête. Jeter la marinade.

c) Huiler légèrement la grille du gril. Cuire les crevettes 5 minutes de chaque côté ou jusqu'à ce qu'elles soient opaques, en les arrosant fréquemment avec la marinade réservée.

29. Crevettes du Texas

Ingrédients

- 1/4 tasse d'huile végétale
- 1/4 tasse de téquila
- 1/4 tasse de vinaigre de vin rouge
- 2 cuillères à soupe de jus de citron vert mexicain
- 1 cuillère à soupe de piments rouges moulus
- 1/2 cuillère à café de sel
- 2 gousses d'ail, hachées finement
- 1 poivron rouge, finement haché
- 24 grosses crevettes crues, décortiquées et déveinées

Instructions

a) Mélanger tous les ingrédients sauf les crevettes dans un plat peu profond en verre ou en plastique. Incorporer les crevettes. Couvrir et réfrigérer 1 heure.

b) Retirer les crevettes de la marinade et réserver la marinade. Enfiler 4 crevettes sur chacune des six brochettes en métal (8 pouces). Griller sur des charbons moyens, en retournant une fois, jusqu'à ce qu'ils soient roses, 2 à 3 minutes de chaque côté.

c) Chauffer la marinade jusqu'à ébullition dans une casserole non réactive. Réduire le feu à doux. Laisser mijoter à découvert jusqu'à ce

que le poivron soit tendre, environ 5 minutes.
Servir avec des crevettes.

30. Brochettes de crevettes hawaïennes

Ingrédients

- 1/2 livre de crevettes, décortiquées, déveinées et non cuites 1/2 livre de pétoncles de baie ou de pétoncles géants 1 boîte de morceaux d'ananas dans du jus
- 1 poivron vert, coupé en quartiers
- tranches de bacon

Sauce:

- 6 onces de sauce barbecue
- 16 onces de salsa
- 2 cuillères à soupe de jus d'ananas
- 2 cuillères à soupe de vin blanc

Instructions

a) Mélanger les ingrédients de la sauce jusqu'à ce que le mélange soit homogène. Embrocher des morceaux d'ananas, des crevettes, des pétoncles, des quartiers de poivrons et des tranches de bacon pliées.

b) Badigeonnez uniformément la brochette de chaque côté et faites griller. Cuire jusqu'à ce que les crevettes soient de couleur rose. Servir avec du riz.

31. Crevettes grillées au miel et au thym

Ingrédients

- Marinade à l'ail rôti
- 2 livres de grosses crevettes crues fraîches ou surgelées en carapace
- 1 poivron rouge moyen, coupé en carrés de 1 pouce et blanchi
- 1 poivron jaune moyen, coupé en carrés de 1 pouce et blanchi
- 1 oignon rouge moyen, coupé en quartiers et séparé en morceaux

Instructions

a) Préparer la marinade à l'ail rôti
b) Peler les crevettes. (Si les crevettes sont congelées, ne les décongelez pas ; épluchez-les dans l'eau froide.) Faites une entaille peu profonde dans le sens de la longueur du dos de chaque crevette ; laver la veine.
c) Versez 1/2 tasse de marinade dans un petit sac en plastique refermable; fermer le sac et réfrigérer jusqu'au moment de servir. Versez le reste de la marinade dans un grand sac en plastique refermable. Ajouter les crevettes, les poivrons et l'oignon en les retournant pour les enrober de marinade. Fermer le sac et réfrigérer au moins 2 heures mais pas plus de 24 heures.

d) Badigeonner la grille d'huile végétale. Faites chauffer des charbons ou un gril à gaz pour une chaleur directe. Retirer les crevettes et les légumes de la marinade; bien égoutter. Jeter la marinade. Enfiler alternativement les crevettes et les légumes sur chacune des six brochettes métalliques de 15 pouces, en laissant un espace entre chacune.

e) Griller les brochettes à découvert de 4 à 6 pouces de chaleur CHAUDE pendant 7 à 10 minutes, en les retournant une fois, jusqu'à ce que les crevettes soient roses et fermes. Placer les brochettes sur le plateau de service. Coupez un petit coin d'un petit sac en plastique contenant la marinade réservée, à l'aide de ciseaux. Verser la marinade sur les crevettes et les légumes.

Rendement : 6 portions.

32. Marinade à l'ail rôti

Ingrédients
- 1 bulbe d'ail moyen
- 1/3 tasse d'huile d'olive ou végétale
- 2/3 tasse de jus d'orange
- 1/4 tasse de moutarde au miel épicée
- 3 cuillères à soupe de miel
- 3/4 cuillère à café de feuilles de thym séchées, écrasées

Instructions
a) Préchauffer le four à 375 degrés F.
b) Coupez un tiers du bulbe d'ail non pelé, exposant les gousses. Placer l'ail dans un petit plat allant au four; arroser d'huile.
c) Couvrir hermétiquement et cuire au four 45 minutes; cool. Pressez la pulpe d'ail de la peau comme du papier. Placer l'ail et le reste des ingrédients dans le mélangeur.
d) Couvrir et mélanger à haute vitesse jusqu'à consistance lisse. Donne environ 1 1/2 tasse.

33. Crevettes piquantes et épicées

Ingrédients
- 1 livre de beurre
- 1/4 tasse d'huile d'arachide
- 3 gousses d'ail hachées
- 2 cuillères à soupe de romarin
- 1 cuillère à café de basilic haché
- 1 cuillère à café de thym haché
- 1 cuillère à café d'origan haché
- 1 petit piment fort, haché, ou
- 2 cuillères à soupe de poivre de Cayenne moulu
- 2 cuillères à café de poivre noir fraîchement moulu
- 2 feuilles de laurier émiettées
- 1 cuillère à soupe de paprika
- 2 cuillères à café de jus de citron
- 2 livres de crevettes crues dans leur carapace
- Sel

Instructions

a) Les crevettes doivent être d'une taille comprise entre 30 et 35 par livre.

b) Faire fondre le beurre et l'huile dans un plat allant au four ignifuge. Ajouter l'ail, les herbes, les poivrons, les feuilles de laurier, le paprika et le jus de citron et porter à ébullition. Baissez le feu et laissez mijoter 10 minutes en remuant fréquemment. Retirez le plat du feu et laissez les saveurs se marier pendant au moins 30 minutes.

c) Cette sauce au beurre piquante peut être préparée un jour à l'avance et réfrigérée. Préchauffer le four à 450 degrés F. Réchauffer la sauce, ajouter les crevettes et cuire à feu moyen jusqu'à ce que les crevettes deviennent roses, puis cuire au four environ 30 minutes de plus. Goûtez pour l'assaisonnement, en ajoutant du sel si nécessaire.
d) Napper la sauce au beurre avec du pain croustillant après avoir mangé les crevettes.

34. Crevettes grillées à l'italienne

Ingrédients

- 2 livres de crevettes géantes
- 1/4 tasse d'huile d'olive
- 2 cuillères à soupe d'ail, émincé
- 1/4 tasse de farine
- 1/4 tasse de beurre fondu
- 4 cuillères à soupe de persil haché
- 1 tasse de sauce au beurre fondue

Instructions

a) Décortiquer les crevettes en laissant la queue. Séchez, puis saupoudrez de farine. Incorporer l'huile et le beurre dans un plat allant au four; ajouter les crevettes. Griller à feu moyen pendant 8 minutes. Ajouter l'ail et le persil à la sauce au beurre tirée. Verser sur les crevettes.

b) Remuer jusqu'à ce que les crevettes soient enrobées. Griller encore 2 minutes.

35. Crevettes Jerk avec riz jamaïcain sucré

Ingrédients

- 1 livre de crevettes moyennes (51 à 60 unités), crues, décortiquées avec assaisonnement Jerk
- 2 tasses de riz cuit chaud
- 1 boîte (11 onces) de mandarines, égouttées et hachées
- 1 boîte (8 onces) d'ananas écrasé, égoutté
- 1/2 tasse de poivron rouge haché
- 1/4 tasse d'amandes effilées, grillées
- 1/2 tasse d'oignons verts tranchés
- 2 cuillères à soupe de noix de coco en flocons, grillée
- 1/4 cuillère à café de gingembre moulu

Instructions

a) Préparez la marinade jerk selon les instructions sur l'emballage au dos de l'assaisonnement jerk.

b) Peler et déveiner les crevettes en laissant la queue. Placer dans la marinade pendant la préparation du riz.

c) Dans une grande poêle, mélanger tous les ingrédients restants. Cuire à feu moyen-vif, en remuant constamment pendant 5 minutes ou jusqu'à ce que le tout soit bien chaud. Retirer les crevettes de la marinade. Placer dans une lèchefrite en une seule couche. Faire griller à 5 à 6 pouces du feu pendant 2 minutes.

d) Bien mélanger et faire griller encore 2 minutes ou jusqu'à ce que les crevettes soient juste roses.

e) Servir avec du riz.

f)

36. Crevettes grillées au citron et à l'ail

Ingrédients

- 2 livres de crevettes moyennes, pelées et déveinées
- 2 gousses d'ail, coupées en deux
- 1/4 tasse de beurre ou de margarine, fondu
- 1/2 cuillère à café de sel
- Poivre grossièrement moulu
- 3 gouttes de sauce piquante
- 1 cuillère à soupe de sauce Worcestershire
- 5 cuillères à soupe de persil frais haché

Instructions

a) Placer les crevettes en une seule couche dans un moule à gelée de 15 x 10 x 1 pouce; annuler.

b) Faire revenir l'ail dans le beurre jusqu'à ce qu'il soit doré; retirer et jeter l'ail. Ajouter le reste des ingrédients, sauf le persil, en remuant bien. Verser le mélange sur les crevettes. Faire griller les crevettes à 4 pouces du feu pendant 8 à 10 minutes, en les arrosant une fois. Saupoudrer de persil.

Donne 6 portions.

37. Crevettes au poivre et au citron vert

Ingrédients
- 1 livre de grosses crevettes, décortiquées et déveinées
- 1 cuillère à soupe d'huile d'olive
- 1 cuillère à soupe de romarin frais émincé
- 1 cuillère à soupe de thym frais émincé
- 2 cuillères à café d'ail émincé
- 1 cuillère à café de poivre noir grossièrement moulu
- Pincée de poivron rouge moulu
- Jus d'un citron vert

Instructions

a) Dans un bol moyen, mélanger les crevettes, l'huile, les herbes et les poivrons. Bien mélanger pour enrober les crevettes. Laisser reposer à température ambiante pendant 20 minutes.

b) Faites chauffer une grande poêle antiadhésive à feu moyen-vif pendant 3 minutes. Ajoutez les crevettes en une seule couche. Cuire 3 minutes de chaque côté ou jusqu'à ce que les crevettes soient roses et juste cuites. Ne pas trop cuire. Retirer du feu et incorporer le jus de citron vert.

38. Esplanade de crevettes de Louisiane

Ingrédients
- 24 grosses crevettes fraîches
- 12 onces de beurre
- 1 cuillère à soupe d'ail en purée
- 2 cuillères à soupe de sauce Worcestershire
- 1 cuillère à café de thym séché
- 1 cuillère à café de romarin séché
- 1/2 cuillère à café d'origan séché
- 1/2 cuillère à café de poivron rouge broyé
- 1 cuillère à café de poivre de Cayenne
- 1 cuillère à café de poivre noir
- 8 onces de bière
- 4 tasses de riz blanc cuit
- 1/2 tasse d'oignons verts finement hachés

Instructions

a) Laver les crevettes et les laisser dans leur carapace. Faire fondre le beurre dans une grande poêle et incorporer l'ail, la sauce Worcestershire et les assaisonnements.

b) Ajouter les crevettes et secouer la poêle pour plonger les crevettes dans le beurre, puis faire revenir à feu moyen-vif pendant 4 à 5 minutes jusqu'à ce qu'elles deviennent roses.

c) Versez ensuite la bière et remuez encore une minute, puis retirez du feu. Décortiquez et déveinez les crevettes et disposez-les sur un lit de riz. Versez le jus de cuisson dessus et décorez d'oignons verts hachés.

d) Servir immédiatement.

39. Crevettes sautées Malibu

Ingrédients
- 1 cuillère à soupe d'huile d'arachide
- 1 cuillère à soupe de beurre
- 1 cuillère à soupe d'ail émincé
- 1 livre de crevettes moyennes, décortiquées et déveinées
- 1 tasse de champignons tranchés
- 1 botte d'oignons verts, tranchés
- 1 poivron rouge épépiné, coupé en fines lanières de 2"
- 1 tasse de petits pois frais ou surgelés
- 1 tasse de rhum Malibu
- 1 tasse de crème épaisse
- 1/4 tasse de basilic frais haché
- 2 cuillères à café de pâte de chili moulue
- Jus d'1/2 citron vert
- Poivre noir fraîchement moulu
- 1/2 tasse de noix de coco râpée
- 1 livre de fettuccini, cuits

Instructions
a) Chauffer l'huile et le beurre à feu vif dans une grande poêle. Ajouter l'ail pendant 1 minute. Ajouter les crevettes, cuire 2 minutes jusqu'à ce qu'elles soient roses. Ajouter les légumes et faire revenir 2 minutes.

b) Ajouter le rhum et laisser mijoter 2 minutes. Ajouter la crème et laisser mijoter 5 minutes. Ajouter le reste des assaisonnements.

Mélanger avec la noix de coco et les pâtes cuites.

40. Crevettes au four

Ingrédients
- 4 livres de grosses crevettes fraîches non décortiquées ou 6 livres de crevettes avec la tête
- 1/2 tasse de beurre
- 1/2 tasse d'huile d'olive
- 1/4 tasse de sauce chili
- 1/4 tasse de sauce Worcestershire
- 2 citrons, tranchés
- 4 gousses d'ail, hachées
- 2 cuillères à soupe d'assaisonnement créole
- 2 cuillères à soupe de jus de citron
- 1 cuillère à soupe de persil haché
- 1 cuillère à café de paprika
- 1 cuillère à café d'origan
- 1 cuillère à café de poivron rouge moulu
- 1/2 cuillère à café de sauce piquante
- pain français

Instructions
a) Étaler les crevettes dans une lèchefrite peu profonde recouverte de papier d'aluminium.
b) Mélanger le beurre et les 12 ingrédients suivants dans une casserole à feu doux, en remuant jusqu'à ce que le beurre fonde, et verser sur les crevettes. Couvrir et réfrigérer 2 heures, en retournant les crevettes toutes les 30 minutes.
c) Cuire au four, à découvert, à 400 degrés F pendant 20 minutes ; tourner une fois.

d) Servir avec du pain, de la salade verte et des épis de maïs pour un repas complet.

41. Salade de crevettes vraiment cool

Ingrédients
- 2 livres. Crevettes moyennes
- 1 tasse de fouet miracle
- 1/2 tasse d'oignons verts
- 1 poivron vert
- 1 petite tête de laitue
- 1 tomate moyenne
- 1/2 tasse de fromage mozzarella

Instructions
a) Épluchez, déveinez et faites bouillir les crevettes. Hachez la laitue, le poivron, la tomate, les oignons verts et les crevettes et mélangez-les dans un bol… Râpez le fromage mozzarella et ajoutez-le à la salade.
b) Ajoutez le fouet miracle et mélangez bien.

42. Crevette de roche M-80

Sauce M-80

- 1 cuillère à soupe de fécule de maïs
- 1 tasse d'eau
- 1 tasse de sauce soja
- 1 tasse de cassonade légère
- 1 cuillère à soupe de pâte de chili sambal
- tasse de jus d'orange fraîchement pressé 1 piment serrano, finement haché
- gousses d'ail, hachées finement (environ 1 cuillère à soupe)
- Un morceau de gingembre frais de deux pouces, gratté/pelé et finement haché

Salade de chou

- chou vert, tranché finement (environ 1½ tasse)
- chou rouge, tranché finement (environ 1½ tasse)
- carotte moyenne, tranchée finement en morceaux de 2 pouces
- poivron rouge moyen, tranché finement
- oignon rouge moyen, tranché finement
- 1 gousse d'ail, tranchée finement
- 1 piment Serrano, tranché finement
- Feuilles de basilic, tranchées finement

Crevette

- Huile végétale
- 2 livres de crevettes géantes (ou remplacez-les par 16 à 20 crevettes coupées en petits cubes) 1 tasse de babeurre
- 3 tasses de farine tout usage
- Graines de sésame noir et blanc
- 1 cuillère à soupe d'oignons verts, tranchés finement
- Feuilles de coriandre

Instructions

a) Préparez la sauce M-80 : Dans un petit bol, fouettez ensemble la fécule de maïs et l'eau. Annuler.

b) Dans une petite casserole, fouetter ensemble la sauce soja, la cassonade, la pâte de chili, le jus d'orange, le chili, l'ail et le gingembre et porter la sauce à ébullition. Baissez le feu et laissez mijoter 15 minutes. Incorporer le mélange fécule de maïs-eau et porter à nouveau la sauce à ébullition.

c) Préparez la salade de chou : Dans un bol moyen, mélangez le chou vert et rouge, la carotte, le poivron rouge, l'oignon, l'ail, le chili et le basilic. Annuler.

d) Préparez les crevettes : dans une casserole moyenne chauffée à feu vif, ajoutez suffisamment d'huile pour atteindre la moitié de la hauteur de la casserole ; chauffer jusqu'à ce que l'huile atteigne 350° (utiliser un thermomètre pour mesurer la température). Mettez les crevettes dans un grand bol et versez le babeurre dessus.
e) Utilisez une écumoire pour retirer les crevettes, égouttez l'excès de babeurre et, dans un autre bol, mélangez les crevettes avec la farine. Faites frire les crevettes pendant 1 à $1\frac{1}{2}$ minutes.

43. Toast de la ville

Ingrédients

- Douze crevettes de 16 à 20 unités, déveinées et décortiquées
- Sel et poivre noir fraîchement moulu
- 2 avocats
- 2 cuillères à soupe de jus de citron vert (environ 1 citron vert moyen), divisé
- 2 cuillères à soupe de coriandre finement hachée
- 2 cuillères à café de jalapeño finement haché (environ 1 jalapeño moyen)
- 1 pamplemousse
- 1 petite baguette, coupée en tranches de ¼ de pouce Huile d'olive extra vierge
- Sel et poivre noir fraîchement moulu ¼ tasse de pistaches, grillées et hachées

Instructions

a) Placer les crevettes dans une petite assiette et assaisonner de sel et de poivre. Coupez les avocats dans le sens de la longueur autour des noyaux et retirez les noyaux. Coupez la chair de l'avocat en hachures et utilisez une cuillère pour mettre la chair de l'avocat dans un bol moyen. Mélangez l'avocat avec 1½ cuillères à soupe de jus de citron vert, la coriandre et le jalapeño.

b) Utilisez un couteau pour retirer la peau et les moelles de la chair du pamplemousse et coupez-le le long des membranes pour retirer les segments. Annuler.
c) Badigeonner les tranches de baguette d'huile d'olive et assaisonner de sel et de poivre. Placez les tranches de baguette dans le grille-pain et faites-les griller jusqu'à ce qu'elles soient dorées.
d) Dans une poêle moyenne à feu moyen, faites chauffer $1\frac{1}{2}$ cuillère à soupe d'huile d'olive et ajoutez les crevettes. Cuire une minute d'un côté, puis retourner et cuire encore 30 secondes de l'autre côté. Transférer les crevettes dans un bol et mélanger avec la $\frac{1}{2}$ cuillère à soupe de jus de citron vert restante.
e) Pour assembler : Étalez 2 cuillères à soupe du mélange d'avocat sur chaque tranche de baguette. Garnir d'un ou deux morceaux de crevettes et d'un segment de pamplemousse. Saupoudrer de pistaches et servir aussitôt.

44. Crevettes à la Plancha sur Toasts d'Allioli au Safran

Rendement : 4 personnes

Ingrédients
Aïoli
- Grosse pincée de safran
- 2 gros jaunes d'œufs
- 1 gousse d'ail, hachée finement
- 2 cuillères à café de sel casher
- 3 tasses d'huile d'olive extra vierge, de préférence espagnole
- 2 cuillères à café de jus de citron, et plus si nécessaire

Crevette
- Quatre tranches de pain de campagne de ½ pouce d'épaisseur
- 2 cuillères à soupe d'huile d'olive extra vierge
- 1½ livre de crevettes géantes 16/20 avec pelure
- Sel casher
- 2 citrons, coupés en deux
- 3 gousses d'ail, hachées finement
- 1 cuillère à café de poivre noir fraîchement moulu
- 2 tasses de xérès sec
- 3 cuillères à soupe de persil plat haché grossièrement

Instructions

a) Préparez l'aïoli : Dans une petite poêle à feu moyen, faites griller le safran jusqu'à ce qu'il soit cassant, 15 à 30 secondes. Démoulez-le dans une petite assiette et utilisez le dos d'une cuillère pour l'écraser. Dans un bol moyen, ajouter le safran, les jaunes d'œufs, l'ail et le sel et fouetter vigoureusement jusqu'à ce que le tout soit bien mélangé. Commencez à ajouter l'huile d'olive quelques gouttes à la fois, en fouettant soigneusement entre les ajouts, jusqu'à ce que l'aïoli commence à épaissir, puis versez le reste de l'huile dans le mélange en un filet très lent et régulier, en fouettant l'aïoli jusqu'à ce qu'il soit épais et crémeux.

b) Ajoutez le jus de citron, goûtez et ajustez avec plus de jus de citron et de sel si nécessaire. Transférer dans un petit bol, couvrir d'une pellicule plastique et réfrigérer.

c) Préparez les toasts : réglez une grille du four sur la position la plus haute et le gril sur élevé. Placez les tranches de pain sur une plaque à pâtisserie à rebords et badigeonnez les deux côtés du pain avec 1 cuillère à soupe d'huile. Faire griller le pain jusqu'à ce qu'il soit doré, environ 45 secondes. Retournez le pain et faites griller l'autre côté (surveillez attentivement le gril, car l'intensité du gril varie), 30 à 45 secondes de plus. Sortez le pain du four et disposez chaque tranche dans une assiette.

d) Dans un grand bol, placez les crevettes. Utilisez un couteau d'office pour faire une entaille peu profonde dans le dos incurvé de la crevette, en retirant la veine et en laissant la coquille intacte. Chauffer une grande poêle à fond épais à feu moyen-vif jusqu'à ce qu'elle soit presque fumante, 1½ à 2 minutes. Ajoutez la cuillère à soupe d'huile restante et les crevettes. Saupoudrez une bonne pincée de sel et le jus d'un demi citron sur les crevettes et faites cuire jusqu'à ce que les crevettes commencent à s'enrouler et que les bords de la carapace soient dorés, 2 à 3 minutes.

e) Utilisez des pinces pour retourner les crevettes, saupoudrez de sel et du jus d'une autre moitié de citron et faites cuire jusqu'à ce que les crevettes soient rose vif, environ 1 minute de plus.

f) Faites un puits au centre de la poêle et incorporez l'ail et le poivre noir; une fois que l'ail est parfumé, après environ 30 secondes, ajoutez le xérès, portez à ébullition et incorporez le mélange ail-sherry aux crevettes. Cuire en remuant et en raclant les morceaux bruns du fond de la casserole dans la sauce. Éteignez le feu et pressez le jus d'un autre demi-citron. Coupez la moitié du citron restant en quartiers.

g) Tartinez le dessus de chaque tranche de pain avec une généreuse cuillerée d'aïoli au safran. Répartissez les crevettes dans les assiettes et versez un peu de sauce sur chaque portion. Saupoudrer de persil et servir avec les quartiers de citron.

45. Curry de crevettes à la moutarde

Ingrédients:

- 1 livre. crevettes
- 2 cuillères à soupe d'huile
- 1 cuillère à café de curcuma
- 2 cuillères à soupe de moutarde en poudre
- 1 cuillère à café de sel
- 8 piments verts

Instructions

a) Faites une pâte de moutarde dans une quantité égale d'eau. Faites chauffer l'huile dans une poêle antiadhésive et faites revenir la pâte de moutarde et les crevettes pendant au moins cinq minutes, puis ajoutez 2 tasses d'eau tiède.

b) Porter à ébullition et ajouter le curcuma, le sel et les piments verts. Cuire à feu moyen-doux pendant encore vingt-cinq minutes.

46. Curry De Crevettes

Ingrédients:

- 1 livre. crevettes décortiquées et déveinées
- 1 oignon, en purée
- 1 cuillère à café de pâte de gingembre
- 1 cuillère à café de pâte d'ail
- 1 tomate, en purée
- 1 cuillère à café de poudre de curcuma
- 1 cuillère à café de poudre de chili
- 1 cuillère à café de poudre de cumin
- 1 cuillère à café de poudre de coriandre
- 1 cuillère à café de sel ou au goût
- 1 cuillère à café de jus de citron
- Feuilles de coriandre/coriandre
- 1 cuillères à soupe d'huile

Instructions

a) Faites chauffer l'huile dans une poêle antiadhésive et faites revenir l'oignon, la tomate, le gingembre et l'ail, avec les poudres de cumin et de coriandre et les feuilles de coriandre/coriandre pendant cinq minutes à feu moyen-doux.

b) Ajouter les poudres de crevettes, de curcuma et de chili et le sel avec une demi-tasse d'eau tiède et cuire à feu moyen-doux pendant vingt-cinq minutes. Gardez la casserole recouverte d'un couvercle. Bien mélanger pour que les crevettes se mélangent aux épices. Assaisonner de jus de citron, garnir de coriandre/coriandre avant de servir.

47. Crevettes à la sauce à l'ail

Ingrédients
- 12 gousses d'ail, hachées grossièrement
- 1 tasse d'huile végétale
- 1/4 tasse (1/2 bâton) de beurre non salé
- 1 1/2 livre de crevettes fraîches, décortiquées, déveinées et papillonnées (laisser les queues intactes)

Instructions

a) Dans une grande poêle, faire revenir l'ail dans de l'huile moyennement chaude (environ 300 degrés F) jusqu'à ce qu'il soit légèrement doré. Surveillez attentivement pour ne pas vous brûler. Après environ 6 à 8 minutes, incorporez rapidement le beurre et retirez immédiatement du feu. Lorsque tout le beurre aura été ajouté, les morceaux deviendront croustillants. Retirez-les à l'aide d'une écumoire et réservez l'huile et le beurre pour faire sauter les crevettes.

b) Dans une grande poêle, faites chauffer environ 2 à 3 cuillères à soupe de l'huile réservée puis faites revenir les crevettes pendant environ 5 minutes. Retournez très brièvement puis retirez. Ajoutez plus d'huile si nécessaire pour faire sauter toutes les crevettes. Sel au goût. Garnir de morceaux d'ail et de persil. Servir avec du riz mexicain.

c) Essayez de badigeonner d'huile d'ail sur du pain français, puis de le saupoudrer de persil et de le faire griller.

d) Servez-le avec les crevettes et accompagnez le plat d'une salade de laitue et de tomates.

48.   Crevettes à la crème de moutarde

Ingrédients
- 1 livre de grosses crevettes
- 2 cuillères à soupe d'huile végétale
- 1 échalote, émincée
- 3 cuillères à soupe de vin blanc sec
- 1/2 tasse de crème épaisse ou de crème fouettée
- 1 cuillère à soupe de moutarde de Dijon aux graines
- Sel, au goût

Instructions

a) Décortiquer et déveiner les crevettes. Dans une poêle de 10 pouces, à feu moyen, cuire l'échalote dans l'huile chaude pendant 5 minutes, en remuant souvent. Augmenter le feu à moyen-vif. Ajouter les crevettes. Cuire 5 minutes ou jusqu'à ce que les crevettes deviennent roses, en remuant souvent. Retirer les crevettes dans le bol. Ajouter le vin au jus de cuisson dans la poêle.

b) Cuire à feu moyen pendant 2 minutes. Ajouter la crème et la moutarde. Cuire 2 minutes. Remettre les crevettes dans la poêle. Remuer jusqu'à ce que le tout soit bien chaud. Sel au goût.

c) Servir sur du riz chaud et cuit.

d) Pour 4 personnes.

49. Gazpacho

Ingrédients

- 2 gousses d'ail
- 1/2 oignon rouge
- 5 tomates romaines
- 2 branches de céleri
- 1 gros concombre
- 1 courgette
- 1/4 tasse d'huile d'olive extra vierge
- 2 cuillères à soupe de vinaigre de vin rouge
- 2 cuillères à soupe de sucre Quelques traits de sauce piquante Un peu de sel
- Un trait de poivre noir
- 4 tasses de jus de tomate de bonne qualité
- 1 livre de crevettes, pelées et déveinées Tranches d'avocat, pour servir
- 2 œufs durs, finement hachés Feuilles de coriandre fraîche, pour servir Pain croustillant, pour servir

Instructions

a) Hachez l'ail, coupez l'oignon en tranches et coupez en dés les tomates, le céleri, le concombre et la courgette. Jetez tout l'ail, tout l'oignon, la moitié des légumes coupés en dés restants et l'huile dans le bol d'un robot culinaire ou, si vous préférez, d'un mixeur.

b) Versez le vinaigre et ajoutez le sucre, la sauce piquante, le sel et le poivre. Versez enfin 2 tasses de jus de tomate et mélangez bien. Vous aurez en gros une base de tomates avec un beau confetti de légumes.
c) Versez le mélange mélangé dans un grand bol et ajoutez l'autre moitié des légumes coupés en dés. Mélangez-le. Incorporez ensuite les 2 tasses de jus de tomate restantes. Goûtez-le et assurez-vous que l'assaisonnement est bon. Ajustez au besoin. Réfrigérer une heure si possible.
d) Griller ou faire sauter les crevettes jusqu'à ce qu'elles soient opaques. Annuler. Versez la soupe dans des bols, ajoutez les crevettes grillées et décorez de tranches d'avocat, d'œuf et de feuilles de coriandre. Servir avec du pain croustillant à part.

50. Linguine Alfredo aux crevettes

Ingrédients
- 1 paquet (12 onces) de pâtes linguines
- 1/4 tasse de beurre fondu
- 4 cuillères à soupe d'oignon coupé en dés
- 4 cuillères à café d'ail émincé
- 40 petites crevettes décortiquées et déveinées
- 1 tasse moitié-moitié
- 2 cuillères à café de poivre noir moulu
- 6 cuillères à soupe de parmesan râpé
- 4 brins de persil frais
- 4 tranches de citron, pour la garniture

Instructions
a) Cuire les pâtes dans une grande casserole d'eau bouillante jusqu'à ce qu'elles soient al dente; vidange. Pendant ce temps, faites fondre le beurre dans une grande casserole. Faire revenir l'oignon et l'ail à feu moyen jusqu'à tendreté. Ajouter les crevettes; faire revenir à feu vif pendant 1 minute en remuant constamment. Incorporer moitié-moitié.
b) Cuire en remuant constamment jusqu'à ce que la sauce épaississe. Placer les pâtes dans un plat de service et recouvrir de sauce aux crevettes. Saupoudrer de poivre noir et de parmesan.
c) Garnir de persil et de tranches de citron.

51. Crevettes marinara

Ingrédients
- 1 boîte (16 oz) de tomates, coupées en morceaux
- 2 cuillères à soupe de persil haché
- 1 gousse d'ail, hachée
- 1/2 cuillère à café de basilic séché
- 1 cuillère à café de sel
- 1/4 cuillère à café de poivre
- 1 cuillère à café d'origan séché
- 1 boîte (6 oz) de pâte de tomate
- 1/2 cuillères à café de sel assaisonné
- 1 livre. crevettes décortiquées cuites
- Fromage Parmesan râpé
- Spaghettis cuits

Instructions
a) Dans une mijoteuse, mélanger les tomates avec le persil, l'ail, le basilic, le sel, le poivre, l'origan, la pâte de tomate et le sel assaisonné. Couvrir et cuire à feu doux pendant 6 à 7 heures.
b) Tournez le bouton à puissance élevée, incorporez les crevettes, couvrez et faites cuire à puissance élevée pendant 10 à 15 minutes supplémentaires. Servir sur des spaghettis cuits.
c) Garnir de parmesan.

52. Crevettes Newburgh

Ingrédients

- 1 livre de crevettes, cuites, déveinées
- 4 onces de champignons en boîte
- 3 œufs durs, pelés et hachés
- 1/2 tasse de parmesan
- 4 cuillères à soupe de beurre
- 1/2 oignon, haché
- 1 gousse d'ail, hachée
- 6 cuillères à soupe de farine
- 3 tasses de lait
- 4 cuillères à soupe de xérès sec
- Sauce Worcestershire
- Sel et poivre
- Sauce tabasco

Instructions

a) Préchauffer le four à 375 degrés F.
b) Faire fondre le beurre puis faire revenir l'oignon et l'ail jusqu'à ce qu'ils soient tendres. Ajoutez la farine. Bien mélanger. Ajoutez progressivement le lait en remuant constamment. Cuire jusqu'à ce que la sauce épaississe. Ajoutez le xérès et les assaisonnements selon votre goût.
c) Dans un autre bol, mélanger les crevettes, les champignons, les œufs et le persil. Ajouter la sauce avec 1/4 tasse de fromage au mélange de crevettes. Bien mélanger.

d) Versez le mélange dans une cocotte de 2 litres et recouvrez du reste du fromage. Parsemez de beurre.
e) Cuire au four 10 minutes, jusqu'à ce que le dessus soit légèrement doré.

53. Crevettes marinées épicées

Ingrédients
- 2 livres. Grosses crevettes décortiquées et déveinées
- 1 cuillère à café de sel
- 1 citron, coupé en deux
- 8 tasses d'eau
- 1 tasse de vinaigre de vin blanc ou vinaigre d'estragon
- 1 tasse d'huile d'olive
- 1 à 2 piments Serrano (plus ou moins, selon le goût), épépinés et veinés, finement émincés
- $\frac{1}{4}$ tasse de coriandre fraîche, hachée
- 2 grosses gousses d'ail, émincées ou passées au presse-ail
- 2 cuillères à café de coriandre fraîche, hachée (si désiré)
- 3 oignons verts (partie blanche uniquement), émincés
- Poivre noir fraîchement moulu, au goût

Instructions

a) Mélangez l'eau, le sel et les moitiés de citron dans une cocotte et portez à ébullition. Ajoutez les crevettes, remuez et faites bouillir doucement pendant 4 à 5 minutes. Retirer du feu et égoutter.

b) Mélangez le vinaigre, l'huile d'olive, les piments, la coriandre et l'ail dans un grand sac en plastique zippé ou un autre récipient en plastique. Ajouter les crevettes bouillies et

réfrigérer pendant 12 heures ou toute la nuit, en les retournant plusieurs fois.
c) Pour servir, égouttez le liquide des crevettes. Dans un grand bol, mélanger les crevettes réfrigérées avec de la coriandre supplémentaire, des oignons verts et du poivre noir, et bien mélanger. Disposez dans un plat de service et servez aussitôt.

54. Crevettes épicées de Singapour

Ingrédients
- 2 livres de grosses crevettes
- 2 cuillères à soupe de ketchup
- 3 cuillères à soupe de Sriracha
- 2 cuillères à soupe de jus de citron
- 2 cuillères à soupe de sauce soja
- 1 cuillère à soupe de sucre
- 2 jalapeños moyens, épépinés et émincés
- bulbe blanc d'1 tige de citronnelle, hachée
- 1 cuillère à soupe de gingembre frais, émincé
- 4 oignons verts, tranchés finement
- 1/4 tasse de coriandre, hachée

Instructions

a) Mélangez le ketchup, le vinaigre (le cas échéant), la sauce chili, le jus de citron, la sauce soja et le sucre.

b) Dans une grande poêle, faites chauffer un peu d'huile végétale et faites cuire les crevettes à feu vif. Quand ils commencent à devenir roses, retournez-les.

c) Ajoutez un peu plus d'huile et le jalapeño, l'ail, la citronnelle et le gingembre. Remuez souvent jusqu'à ce que le mélange soit bien chaud. Attention : ça sentira délicieux. Essayez de ne pas perdre votre concentration.

d) Faites sauter les oignons verts et le mélange de ketchup dans la poêle pendant 30 secondes,

puis ajoutez la coriandre hachée. Servir les crevettes avec du riz.
e)

55. Crevettes étoilées

Ingrédients

- 6 tasses d'eau
- 2 cuillères à soupe de sel
- 1 citron, coupé en deux
- 1 branche de céleri, coupée en morceaux de 3 pouces
- 2 feuilles de laurier
- Une pincée de poivre de Cayenne
- 1/4 tasse de persil, émincé
- 1 paquet d'écrevisses/crabes/crevettes bouillies
- 2 livres. crevettes non décortiquées fraîchement pêchées à la traîne dans la baie de Mobile
- 1 pot de sauce cocktail

Instructions

a) Coupez les têtes de crevettes.
b) Mélanger les 8 premiers ingrédients dans une grande casserole ou un faitout. Porter à ébullition. Ajouter les crevettes en coquilles et cuire environ 5 minutes jusqu'à ce qu'elles deviennent roses. Bien égoutter avec de l'eau froide et réfrigérer.
c) Épluchez et déveinez les crevettes, puis conservez-les au réfrigérateur.

PIEUVRE

56. Poulpe au vin rouge

Ingrédients

- 1 kg (2,25 lb) de jeune poulpe
- 8 cuillères à soupe d'huile d'olive
- 350 g (12 oz) de petits oignons ou échalotes
  150 ml (0,25 pinte) de vin rouge 6 cuillères à soupe de vinaigre de vin rouge
- 225 g (8 oz) de tomates en conserve, hachées grossièrement 2 cuillères à soupe de purée de tomates
- 4 feuilles de laurier
- 2 cuillères à café d'origan séché
- poivre noir
- 2 cuillères à soupe de persil haché

Instructions

a) Nettoyez d'abord la pieuvre. Retirez les tentacules, retirez et jetez les intestins et le sac d'encre, les yeux et le bec. Épluchez le poulpe, lavez-le et frottez-le soigneusement pour éliminer toute trace de sable. Coupez-le en morceaux de 4 à 5 cm (1,5 à 2 pouces) et mettez-le dans une casserole à feu moyen pour libérer le liquide. Remuez le poulpe jusqu'à ce que ce liquide se soit évaporé. Versez l'huile et remuez le poulpe pour le sceller de tous les côtés. Ajoutez les oignons entiers et faites-les revenir en remuant une ou deux fois jusqu'à ce qu'ils colorent légèrement.

b) Ajouter le vin, le vinaigre, les tomates, la purée de tomates, les feuilles de laurier, l'origan et quelques grains de poivre. Bien mélanger, couvrir la casserole et laisser mijoter très doucement pendant 1 h à 1 h 25, en vérifiant de temps en temps que la sauce n'est pas sèche. Si c'est le cas - et cela ne se produirait que si la chaleur était trop élevée - ajoutez un peu plus de vin ou d'eau. Le poulpe est cuit lorsqu'il peut être facilement percé avec une brochette.

c) La sauce doit être épaisse, comme une pâte qui coule. Si du liquide se sépare, retirez le couvercle de la casserole, augmentez légèrement le feu et remuez jusqu'à ce qu'une partie du liquide s'évapore et que la sauce épaississe. Jeter les feuilles de laurier et incorporer le persil. Goûtez la sauce et rectifiez l'assaisonnement si nécessaire. Servir, si vous le souhaitez, avec du riz et une salade. Un incontournable grec est le pain de campagne pour éponger la sauce.

POUR 4 À 6 PERSONNES

57. Poulpe mariné

Ingrédients

- 1 kg (2,25 lb) de jeune poulpe
- environ 150 ml (0,25 pinte) d'huile d'olive
- environ 150 ml (0,25 pinte) de vinaigre de vin rouge 4 gousses d'ail
- sel et poivre noir 4 à 6 branches de thym ou 1 cuillère à café de thym séché, quartiers de citron, pour servir

Instructions

a) Préparez et lavez le poulpe (comme dans Poulpe au vin rouge). Placez la tête et les tentacules dans une casserole avec 6 à 8 cuillères à soupe d'eau, couvrez et laissez mijoter pendant 1 à 1,25 heure jusqu'à ce qu'ils soient tendres. Testez-le avec une brochette. Égoutter tout liquide restant et laisser refroidir.

b) Coupez la chair en lanières de 12 mm (0,5 pouce) et emballez-les sans serrer dans un bocal à vis. Mélangez suffisamment d'huile et de vinaigre pour remplir le pot - la quantité exacte dépendra des volumes relatifs des fruits de mer et du récipient - ajoutez l'ail et assaisonnez de sel et de poivre. Si vous utilisez du thym séché, mélangez-le avec le liquide à ce stade. Versez-le sur le poulpe en vous assurant que chaque morceau est complètement immergé. Si vous utilisez des tiges de thym, poussez-les dans le pot.

c) Couvrez le pot et laissez-le de côté pendant au moins 4 à 5 jours avant de l'utiliser.

d) Pour servir, égouttez le poulpe et servez-le dans des petites assiettes individuelles ou des soucoupes avec les quartiers de citron.

e) Des cubes de pain vieux d'au moins un jour, percés sur des bâtons à cocktail, constituent l'accompagnement habituel.

POUR 8 PERSONNES

58. Poulpe Cuit Au Vin

Ingrédients
- 1 3/4 livres. poulpe (décongelé)
- 4 cuillères à soupe. huile d'olive
- 2 gros oignons tranchés
- sel et poivre
- 1 feuille de laurier
- 1/4 tasse de vin blanc sec

Instructions

a) Retirez la section de tête de la pieuvre. Faire le ménage. Lavez les bras.

b) Coupez le poulpe en petits morceaux.

c) Cuire dans l'huile d'olive à feu moyen pendant environ 10 minutes en retournant régulièrement.

d) Ajouter les oignons, l'assaisonnement et le vin. Couvrir et laisser mijoter doucement jusqu'à ce que le poulpe soit tendre, environ 15 minutes.

Pour 4 personnes

59. Bébé poulpe grillé à la sicilienne

POUR 4 PORTIONS

Ingrédients

- 2½ livres de bébés poulpes nettoyés et congelés
- 2 tasses de vin rouge corsé, comme
- Pinot Noir ou Cabernet Sauvignon
- 1 petit oignon, tranché
- 1 cuillère à café de grains de poivre noir
- à café de clous de girofle entiers
- 1 feuille de laurier
- 1 tasse de marinade aux agrumes sicilienne
- ¾ tasse d'olives vertes de Sicile ou de Cerignola dénoyautées et hachées grossièrement
- 3 onces de jeunes feuilles de roquette
- 1 cuillère à soupe de menthe fraîche hachée
- Gros sel de mer et poivre noir fraîchement moulu

Instructions

a) Rincez le poulpe, puis mettez-le dans une marmite avec le vin et suffisamment d'eau pour couvrir. Ajoutez l'oignon, les grains de poivre, les clous de girofle et le laurier. Porter à ébullition à feu vif, puis réduire le feu à moyen-doux, couvrir et laisser mijoter doucement jusqu'à ce que le poulpe soit suffisamment tendre pour qu'un couteau puisse y entrer facilement, 45 minutes à 1 heure. Égoutter le poulpe et jeter le liquide ou filtrer et réserver pour le bouillon de fruits de mer ou le risotto. Lorsque la pieuvre est suffisamment froide pour être manipulée, coupez les tentacules au niveau de la tête.

b) Mélangez le poulpe et la marinade dans un sac à fermeture éclair de 1 gallon. Retirez l'air, fermez le sac et réfrigérez pendant 2 à 3 heures. Allumez un gril à feu moyen-vif direct, environ 450¼F.

c) Retirez le poulpe de la marinade, séchez-le et laissez-le reposer à température ambiante pendant 20 minutes. Versez la marinade dans une casserole et portez à ébullition à feu moyen. Ajoutez les olives et retirez du feu.

d) Badigeonner la grille du gril et l'enduire d'huile. Griller le poulpe directement sur le feu jusqu'à ce qu'il soit bien marqué, 3 à 4 minutes de chaque côté, en appuyant doucement sur le poulpe pour obtenir une bonne saisie. Disposer la roquette sur un plat ou des assiettes et garnir de poulpe. Versez un peu de sauce chaude, y compris une bonne quantité d'olives, sur chaque portion. Saupoudrer de menthe, de sel et de poivre noir.

e)

COQUILLES SAINT-JACQUES

60. Pâté aux fruits de mer

Ingrédients

- 1/2 tasse de vin blanc sec
- 1 livre de pétoncles géants, coupés en deux s'ils sont très gros
- 1 grosse pomme de terre au four, pelée et coupée en dés de 1/2 pouce
- 3 cuillères à soupe de beurre ramolli
- 1/2 tasse de pomme acidulée pelée et hachée
- 1 grosse carotte, hachée
- 1 côte de céleri, hachée
- 1 gros oignon, émincé
- 1 gousse d'ail, hachée
- 1 1/2 tasse de bouillon de poulet
- 1/4 tasse de crème épaisse
- 2 cuillères à soupe de farine tout usage
- 3/4 cuillère à café de sel
- 1/2 cuillère à café de poivre blanc fraîchement moulu Pincée de poivre de Cayenne
- 1 livre de crevettes moyennes, décortiquées et déveinées
- 1 tasse de grains de maïs
- 1 petit pot (3 1/2 onces) de lanières de piment
- 2 cuillères à soupe de persil haché
- Pâte feuilletée

Instructions

a) Dans une casserole moyenne non réactive, porter le vin à ébullition à feu vif. Ajouter les pétoncles et cuire jusqu'à ce qu'ils soient tout juste opaques, environ 1 minute. Égouttez les Saint-Jacques en réservant le liquide. Dans une autre casserole moyenne d'eau bouillante salée, cuire la pomme de terre jusqu'à ce qu'elle soit juste tendre, 6 à 8 minutes; égoutter et réserver.

b) Préchauffer le four à 425F. Dans une grande casserole, faire fondre 2 cuillères à soupe de beurre à feu moyen-vif. Ajouter la pomme, la carotte, le céleri et l'oignon et cuire jusqu'à ce que le mélange ramollisse et commence à dorer, environ 6 minutes. Ajouter l'ail et cuire encore 1 minute. Versez le bouillon de poulet et augmentez le feu à vif. Faire bouillir jusqu'à ce que la majeure partie du liquide soit évaporée, environ 5 minutes.

c) Transférez le mélange pomme-légumes dans un robot culinaire. Réduire en purée lisse. Remettre dans la casserole et incorporer le liquide de pétoncles réservé et la crème épaisse.

d) Dans un petit bol, mélanger la farine avec la cuillère à soupe de beurre restante pour former une pâte. Faites mijoter la crème de Saint-Jacques à feu moyen. Incorporez progressivement la pâte de beurre. Porter à ébullition en fouettant jusqu'à ce que

e)

61. Pétoncles au four avec sauce à l'ail

Ingrédients
- 1 1/2 livre de pétoncles de baie, coupés en deux
- 3 gousses d'ail, écrasées
- 1/4 tasse (1/2 bâton) de margarine, fondue
- 10 champignons blancs fermes, tranchés
- Légère pincée de sel d'oignon
- Une pincée de poivre fraîchement râpé
- 1/3 tasse de chapelure assaisonnée
- 1 cuillère à café de persil frais finement haché

Instructions

a) Essuyez les pétoncles avec une serviette en papier humide. Écraser les gousses d'ail et les ajouter à la margarine; bien remuer pour mélanger. Gardez au chaud. Versez un peu de sauce à l'ail fondue au fond d'un plat allant au four; ajouter les champignons et assaisonner.

b) Disposez les pétoncles sur les champignons. Réservez 1 cuillère à soupe de sauce à l'ail et versez le reste sur les pétoncles.

c) Saupoudrer de chapelure, de persil et de sauce à l'ail réservée. Cuire au four préchauffé à 375 degrés F jusqu'à ce que le dessus soit bien doré et bouillonnant.

62. Coquilles Saint-Jacques à la Provençale

Ingrédients
- 2 cuillères à café d'huile d'olive
- 1 livre de pétoncles géants
- 1/2 tasse d'oignon émincé, séparé en rondelles 1 gousse d'ail, émincée
- 1 tasse de tomates régulières ou italiennes en dés
- 1/4 tasse d'olives mûres hachées
- 1 cuillère à soupe de basilic séché
- 1/4 cuillère à café de thym séché
- 1/8 cuillère à café de sel
- 1/8 cuillère à café de poivre fraîchement moulu

Instructions
a) Chauffer l'huile d'olive dans une grande poêle antiadhésive à feu moyen-vif. Ajouter les pétoncles et faire sauter 4 minutes ou jusqu'à ce qu'ils soient cuits.
b) Retirer les pétoncles de la poêle avec une écumoire; réserver et garder au chaud.
c) Ajouter les rondelles d'oignon et l'ail dans la poêle et faire revenir pendant 1 à 2 minutes. Ajouter la tomate et le reste des ingrédients et faire revenir 2 minutes ou jusqu'à tendreté.

Verser la sauce sur les pétoncles

63. Pétoncles sauce au beurre blanc

Ingrédients
- 750 g (1 = lb) de pétoncles
- 1 tasse de vin blanc
- 90 g (3 oz) de pois mange-tout ou de haricots verts tranchés finement
- quelques ciboulette pour garnir
- sel et poivre fraîchement moulu
- un peu de jus de citron
- 1 cuillères à soupe d'oignon vert haché 125g (4ozs)
- beurre coupé en morceaux

Instructions

a) Retirez les barbes des pétoncles puis lavez-les. Retirez délicatement les œufs et déposez-les sur du papier absorbant pour les faire sécher. Assaisonner de sel et de poivre.

b) Pocher les coquilles Saint-Jacques et les œufs dans le vin et le jus de citron pendant env. 2 Minutes. Retirer et réserver au chaud. Les pois mange-tout tombent 1 min dans l'eau bouillante salée, égouttez-les, faites de même avec les haricots si vous en utilisez.

c) Ajouter l'oignon vert au liquide de pochage et réduire à environ 1/2 tasse. À feu doux, ajoutez le beurre petit à petit en fouettant pour obtenir une sauce (consistance d'une crème versée).

d) Servir avec du pain croustillant pour éponger la belle sauce.

ÉGLEFIN

64. Aiglefin au beurre aux herbes

Donne 4 portions

Ingrédients
Beurre aux herbes :

- 1 tasse (2 bâtonnets) de beurre non salé, ramolli
- ½ tasse de basilic légèrement tassé
- ½ tasse de persil légèrement tassé
- ½ échalote
- 1 petite gousse d'ail
- ½ cuillère à café de sel
- 1/8 cuillère à café de poivre

Oignons caramélisés :
- 1 cuillère à soupe de beurre
- 2 gros oignons, tranchés
- ½ cuillère à café de sel
- ¼ cuillère à café de poivre noir fraîchement moulu
- 2 cuillères à soupe de feuilles de thym frais ou 1 cuillère à café séchées
- 2 livres d'aiglefin
- 3 tomates, tranchées

Instructions
a) Préparez le beurre aux herbes en mélangeant le beurre ramolli, le basilic,

le persil, l'échalote, l'ail, le sel et le poivre.

b) Mettez le beurre sur un morceau de pellicule plastique et formez une bûche avec le beurre. Enveloppez-le dans une pellicule plastique et réfrigérez ou congelez. Chauffer le beurre et l'huile dans une poêle moyenne à feu moyen-doux.

c) Ajouter les oignons et cuire jusqu'à ce qu'ils commencent à ramollir, en remuant de temps en temps, environ 15 minutes.

d) Ajoutez le sel et le poivre; augmenter légèrement le feu et cuire jusqu'à ce qu'il soit doré, en remuant de temps en temps, 30 à 35 minutes. Incorporer le thym.

e) Préchauffer le four à 375°. Huiler une poêle de 9 x 13 pouces.

f) Répartir les oignons au fond de la poêle, puis déposer l'aiglefin sur les oignons.

g) Couvrir l'aiglefin avec les tranches de tomates.

h) Cuire au four jusqu'à ce que l'aiglefin soit encore un peu opaque au milieu (environ 20 minutes). Il continuera à cuire lorsque vous le sortirez du four.

i) Coupez le beurre aux herbes en médaillons de ¼ de pouce, placez-les sur les tomates et servez.

65. Aiglefin aux épices cajun

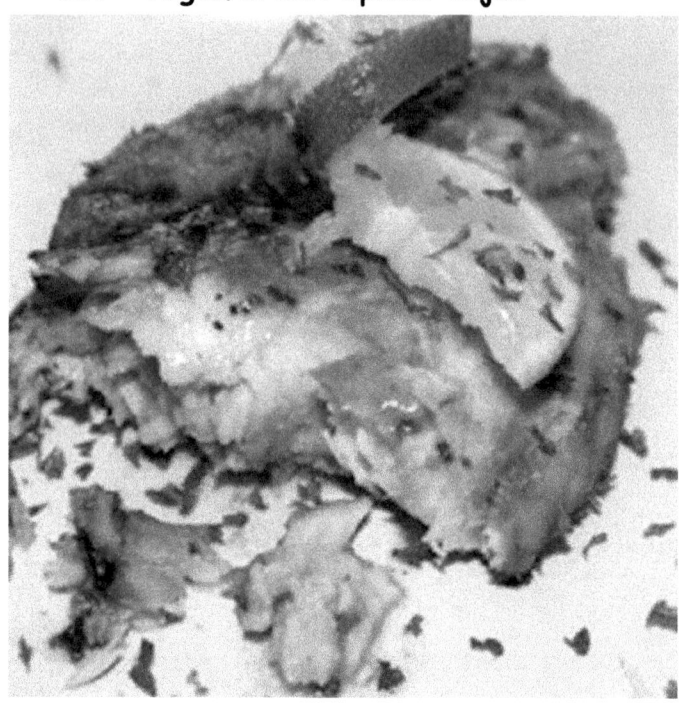

Ingrédients
- 1 filet d'aiglefin
- Farine nature
- 1 cuillère à café d'épices cajun
- 75 g d'ananas coupé en dés
- 1 oignon nouveau
- 10g d'oignon rouge
- 10g de poivron rouge
- 10g d'huile d'olive

Instructions

a) Pour la salsa, coupez l'ananas en dés grossièrement en cubes de 1 cm, coupez finement l'oignon rouge, 1 oignon nouveau et le poivron rouge rôti et pelé. Ajouter l'huile et le vinaigre de vin rouge et laisser reposer 1 heure dans un bol couvert à température ambiante.

b) Mélangez la farine avec les épices cajun et enrobez le filet d'aiglefin assaisonné.

c) Poêler l'aiglefin et servir garni de salsa.

66. Chaudrée d'aiglefin, poireaux et pommes de terre

Ingrédients
- 1/4 filet d'aiglefin
- 25g de poireau émincé
- 25 g de pommes de terre en dés
- 15 g d'oignon coupé en dés
- 250 ml de crème
- 100 ml de bouillon de poisson
- Persil haché

Instructions

a) Poêler le poireau lavé et haché.

b) Lorsque le poireau est tendre, ajoutez la pomme de terre et l'oignon.

c) Une fois les légumes chauds, ajoutez la crème et le bouillon et portez à ébullition. Baissez le feu et ajoutez l'aiglefin haché.

d) Laisser mijoter 10 minutes et ajouter le persil haché au moment de servir.

67. Haddock fumé et chutney de tomates

Ingrédients:

- 3 x 175 g de filets d'aiglefin fumé
- 30 petits moules à tartelettes prêts à l'emploi

Rarebit

- 325 g de cheddar fort
- 75 ml de lait
- 1 jaune d'oeuf
- 1 oeuf entier
- 1/2 cuillère à soupe de moutarde en poudre
- 30g de farine nature
- 1/2 cuillère à café de sauce Worcester, sauce Tabasco
- 25 g de chapelure blanche fraîche
- Assaisonnement

Chutney de tomates

- 15 g de racine de gingembre
- 4 piments rouges
- 2 kg de tomates rouges
- 500 g de pommes pelées et hachées
- 200 g de raisins secs
- 400 g d'échalotes hachées en gros morceaux

- Sel
- 450 g de cassonade
- 570 ml de vinaigre de malt

Instructions

a) Assaisonnez bien l'aiglefin et mettez-le au four avec un peu d'huile d'olive et laissez cuire environ 5 à 6 minutes.

b) Râper le fromage et l'ajouter à la casserole avec le lait et réchauffer doucement dans une casserole jusqu'à dissolution, retirer du feu et laisser refroidir.

c) Ajouter l'œuf entier et le jaune, la moutarde, la chapelure et un trait de Worcester et de Tabasco, assaisonner et laisser refroidir.

d) Écailler l'aiglefin pour enlever les arêtes et déposer le chutney au fond des tartelettes, garnir d'émiettés de poisson. Préchauffez le gril à feu vif, garnissez l'aiglefin de morceaux rares et placez-le sous le gril jusqu'à ce qu'il soit doré sur le dessus.

e) Retirez l'aiglefin du gril et servez immédiatement.

SAUMON

68. Saumon au four magique

(Donne 1 portion)

Ingrédients

- 1 filet de saumon
- 2 cuillères à café de Saumon Magique
- Beurre non salé, fondu

Instructions

a) Chauffer le four à 450 F.
b) Badigeonner légèrement le dessus et les côtés du filet de saumon de beurre fondu. Badigeonner légèrement une petite plaque de cuisson de beurre fondu.
c) Assaisonnez le dessus et les côtés du filet de saumon avec le Salmon Magic. Si le filet est épais, utilisez un peu plus de Salmon Magic. Pressez délicatement l'assaisonnement.
d) Placez le filet sur la plaque et faites cuire au four jusqu'à ce que le dessus soit doré et que le filet soit juste bien cuit. Pour avoir un saumon rose moelleux,

ne le faites pas trop cuire. Servir immédiatement.

e) Temps de cuisson : 4 à 6 minutes.

69. Saumon à la Grenade et au Quinoa

Portions : 4 portions

Ingrédients

- 4 filets de saumon, sans peau
- ¾ tasse de jus de grenade, sans sucre (ou variété à faible teneur en sucre)
- ¼ tasse de jus d'orange, sans sucre
- 2 cuillères à soupe de marmelade/confiture d'orange
- 2 cuillères à soupe d'ail, émincé
- Sel et poivre au goût
- 1 tasse de quinoa, cuit selon l'emballage
- Quelques brins de coriandre

Itinéraire :

a) Dans un bol moyen, mélanger le jus de grenade, le jus d'orange, la marmelade d'orange et l'ail. Assaisonner de sel et de poivre et rectifier le goût selon vos préférences.
b) Préchauffer le four à 400F. Beurrer le plat allant au four avec du beurre ramolli.

Placez le saumon sur le plat allant au four, en laissant un espace de 1 pouce entre les filets.

c) Faites cuire le saumon pendant 8 à 10 minutes. Sortez ensuite délicatement le plat du four et versez-y le mélange de grenade. Assurez-vous que le dessus du saumon est uniformément enrobé du mélange. Remettez le saumon au four et laissez cuire encore 5 minutes ou jusqu'à ce qu'il soit complètement cuit et que le mélange de grenade se soit transformé en un glaçage doré.

d) Pendant que le saumon cuit, préparez le quinoa. Faites bouillir 2 tasses d'eau à feu moyen et ajoutez le quinoa. Cuire pendant 5 à 8 minutes ou jusqu'à ce que l'eau soit absorbée. Hors du feu, ébouriffez le quinoa avec une fourchette et remettez le couvercle. Laissez la chaleur restante cuire le quinoa pendant encore 5 minutes.

e) Transférez le saumon glacé à la grenade dans un plat de service et saupoudrez de coriandre fraîchement hachée. Servir le saumon avec le quinoa.

70. Saumon au four et patates douces

Portions : 4 portions

Ingrédients

- 4 filets de saumon, peau enlevée
- 4 patates douces de taille moyenne, pelées et coupées en tranches de 1 pouce d'épaisseur
- 1 tasse de fleurons de brocoli
- 4 cuillères à soupe de miel pur (ou de sirop d'érable)
- 2 cuillères à soupe de marmelade/confiture d'orange
- 1 bouton de gingembre frais de 1 pouce, râpé
- 1 cuillère à café de moutarde de Dijon
- 1 cuillère à soupe de graines de sésame grillées
- 2 cuillères à soupe de beurre non salé, fondu
- 2 cuillères à café d'huile de sésame
- Sel et poivre au goût
- Oignons nouveaux/oignons verts, fraîchement hachés

Itinéraire :

a) Préchauffer le four à 400F. Graisser le moule avec du beurre non salé fondu.
b) Placez les tranches de patates douces et les fleurons de brocoli dans la poêle. Assaisonner légèrement avec du sel, du poivre et une cuillère à café d'huile de sésame. Assurez-vous que les légumes sont légèrement enrobés d'huile de sésame.
c) Cuire les pommes de terre et le brocoli pendant 10 à 12 minutes.
d) Pendant que les légumes sont encore au four, préparez le glaçage sucré. Dans un bol à mélanger, ajoutez le miel (ou le sirop d'érable), la confiture d'orange, le gingembre râpé, l'huile de sésame et la moutarde.
e) Retirez délicatement le plat de cuisson du four et étalez les légumes sur le côté pour faire de la place au poisson.
f) Assaisonnez légèrement le saumon avec du sel et du poivre.

g) Placez les filets de saumon au milieu du plat de cuisson et versez le glaçage sucré sur le saumon et les légumes.

h) Remettez la poêle au four et laissez cuire encore 8 à 10 minutes ou jusqu'à ce que le saumon soit tendre à la fourchette.

i) Transférer le saumon, les patates douces et le brocoli dans un joli plat de service. Garnir de graines de sésame et d'oignons nouveaux.

71. Saumon au four avec sauce aux haricots noirs

Portions : 4 portions

Ingrédients

- 4 filets de saumon, peau et arêtes retirées
- 3 cuillères à soupe de sauce aux haricots noirs ou de sauce à l'ail et aux haricots noirs
- ½ tasse de bouillon de poulet (ou de bouillon de légumes comme substitut plus sain)
- 3 cuillères à soupe d'ail, émincé
- 1 bouton de gingembre frais de 1 pouce, râpé
- 2 cuillères à soupe de sherry ou de saké (ou tout autre vin de cuisine)
- 1 cuillères à soupe de jus de citron fraîchement pressé
- 1 cuillères à soupe de sauce de poisson
- 2 cuillères à soupe de cassonade
- ½ cuillère à café de flocons de piment rouge
- Feuilles de coriandre fraîches, finement hachées

- Oignon nouveau comme garniture

Itinéraire :

a) Beurrer un grand plat allant au four ou le tapisser de papier sulfurisé. Préchauffer le four à 350F.
b) Mélanger le bouillon de poulet et la sauce aux haricots noirs dans un bol moyen. Ajouter l'ail émincé, le gingembre râpé, le xérès, le jus de citron, la sauce de poisson, la cassonade et les flocons de piment. Bien mélanger jusqu'à ce que la cassonade soit complètement dissoute.
c) Versez la sauce aux haricots noirs sur les filets de saumon et laissez le saumon absorber complètement le mélange de haricots noirs pendant au moins 15 minutes.
d) Transférez le saumon dans le plat allant au four. Cuire 15 à 20 minutes. Assurez-vous que le saumon ne devienne pas trop sec au four.
e) Servir avec de la coriandre hachée et de l'oignon nouveau.

72. Saumon grillé au paprika et aux épinards

Portions : 6 portions

Ingrédients

- 6 filets de saumon rose de 1 pouce d'épaisseur
- ¼ tasse de jus d'orange fraîchement pressé
- 3 cuillères à café de thym séché
- 3 cuillères à soupe d'huile d'olive extra vierge
- 3 cuillères à café de paprika doux en poudre
- 1 cuillère à café de cannelle en poudre
- 1 cuillères à soupe de cassonade
- 3 tasses de feuilles d'épinards
- Sel et poivre au goût

Itinéraire :

a) Badigeonnez légèrement d'olive chaque côté des filets de saumon, puis assaisonnez avec du paprika en poudre, du sel et du poivre. Réserver 30 minutes à température ambiante. Laisser le saumon absorber le mélange de paprika.

b) Dans un petit bol, mélanger le jus d'orange, le thym séché, la cannelle en poudre et la cassonade.

c) Préchauffer le four à 400F. Transférer le saumon dans un plat allant au four tapissé de papier d'aluminium. Versez la marinade sur le saumon. Faites cuire le saumon pendant 15 à 20 minutes.

d) Dans une grande poêle, ajoutez une cuillère à café d'huile d'olive extra vierge et faites cuire les épinards pendant environ quelques minutes ou jusqu'à ce qu'ils soient fanés.

e) Servir le saumon cuit au four avec les épinards en accompagnement.

73. Saumon Teriyaki aux Légumes

Portions : 4 portions

Ingrédients

- 4 filets de saumon, peau et arêtes retirées
- 1 grosse patate douce (ou simplement pomme de terre), coupée en bouchées
- 1 grosse carotte, coupée en bouchées
- 1 gros oignon blanc, coupé en quartiers
- 3 gros poivrons (vert, rouge et jaune), hachés
- 2 tasses de fleurons de brocoli (peut être remplacé par des asperges)
- 2 cuillères à soupe d'huile d'olive extra vierge
- Sel et poivre au goût
- Oignons nouveaux, finement hachés
- Sauce teriyaki
- 1 tasse d'eau
- 3 cuillères à soupe de sauce soja
- 1 cuillères à soupe d'ail, émincé
- 3 cuillères à soupe de cassonade
- 2 cuillères à soupe de miel pur

- 2 cuillères à soupe de fécule de maïs (dissoute dans 3 cuillères à soupe d'eau)
- ½ cuillères à soupe de graines de sésame grillées

Itinéraire :

a) Dans une petite poêle, fouetter la sauce soja, le gingembre, l'ail, le sucre, le miel et l'eau à feu doux. Remuer continuellement jusqu'à ce que le mélange mijote lentement. Incorporer l'eau de fécule de maïs et attendre que le mélange épaississe. Ajoutez les graines de sésame et réservez.

b) Graisser un grand plat allant au four avec du beurre non salé ou un enduit à cuisson. Préchauffer le four à 400F.

c) Dans un grand bol, déposez tous les légumes et arrosez d'un filet d'huile d'olive. Bien mélanger jusqu'à ce que les légumes soient bien enrobés d'huile. Assaisonner avec du poivre fraîchement concassé et un peu de sel. Transférez les légumes dans le plat allant au four. Répartissez les légumes sur les côtés et laissez un peu d'espace au centre du plat allant au four.

d) Placer le saumon au centre du plat allant au four. Versez les 2/3 de la sauce teriyaki sur les légumes et le saumon.

e) Faites cuire le saumon pendant 15 à 20 minutes.

f) Transférez le saumon cuit au four et les légumes rôtis dans un joli plat de service. Verser le reste de la sauce teriyaki et garnir d'oignons nouveaux hachés.

74. Saumon à l'asiatique avec nouilles

Portions : 4 portions

Ingrédients

Saumon

- 4 filets de saumon, peau enlevée
- 2 cuillères à soupe d'huile de sésame grillé
- 2 cuillères à soupe de miel pur
- 3 cuillères à soupe de sauce soja légère
- 2 cuillères à soupe de vinaigre blanc
- 2 cuillères à soupe d'ail, émincé
- 2 cuillères à soupe de gingembre frais, râpé
- 1 cuillère à café de graines de sésame grillées
- Oignon nouveau haché pour la garniture

Nouilles de riz

- 1 paquet de nouilles de riz asiatiques

Sauce

- 2 cuillères à soupe de sauce de poisson
- 3 cuillères à soupe de jus de citron vert fraîchement pressé
- Flocons de piment

Itinéraire :

a) Pour la marinade de saumon, mélanger l'huile de sésame, la sauce soja, le vinaigre, le miel, l'ail émincé et les graines de sésame. Verser sur le saumon et laisser mariner le poisson pendant 10 à 15 minutes.

b) Placer le saumon dans un plat allant au four légèrement graissé avec de l'huile d'olive. Cuire 10-15 minutes à 420F.

c) Pendant que le saumon est au four, faites cuire les nouilles de riz selon les instructions sur l'emballage. Bien égoutter et transférer dans des bols individuels.

d) Mélangez la sauce de poisson, le jus de citron vert et les flocons de piment et versez-les dans les nouilles de riz.

e) Garnir chaque bol de nouilles de filets de saumon fraîchement sortis du four. Garnir d'oignons nouveaux et de graines de sésame.

75. Saumon poché dans un bouillon de tomates et d'ail

Pour 4 personnes

Ingrédients

- 8 gousses d'ail
- échalotes
- cuillères à café d'huile d'olive extra vierge
- 5 tomates mûres
- 1 1/2 tasse de vin blanc sec
- 1 tasse d'eau
- 8 brins de thym 1/4 cuillère à café de sel marin
- 1/4 cuillère à café de poivre noir frais
- 4 filets de saumon rouge de Copper River, huile de truffe blanche (facultatif)

Instructions

a) Épluchez et hachez grossièrement les gousses d'ail et les échalotes. Dans une grande braisière ou une sauteuse avec couvercle, mettez l'huile d'olive, l'ail et les échalotes. Faire suer à feu moyen-doux jusqu'à ce qu'il soit tendre, environ 3 minutes.

b) Mettez les tomates, le vin, l'eau, le thym, le sel et le poivre dans la poêle et portez à ébullition. Une fois à ébullition, réduisez le feu et laissez mijoter et couvrez.

c) Laisser mijoter 25 minutes jusqu'à ce que les tomates éclatent en libérant leur jus. Avec une cuillère ou une spatule en bois, écrasez les tomates en pulpe. Laisser mijoter à découvert encore 5 minutes jusqu'à ce que le bouillon ait un peu réduit.

d) Pendant que le bouillon mijote encore, placez le saumon dans le bouillon. Couvrir et pocher 5 à 6 minutes seulement jusqu'à ce que le poisson se défasse facilement. Placer le poisson dans une assiette et réserver. Placez une passoire dans un grand bol et versez le reste du bouillon dans la passoire. Filtrez le bouillon en éliminant les solides qui restent. Goûtez le bouillon et ajoutez du sel et du poivre si nécessaire.

e) Une simple purée de pommes de terre au beurre ou même des pommes de terre rôties sont un bon accompagnement pour ce repas. Garnir ensuite d'asperges sautées et de saumon poché.

f) Versez le bouillon égoutté autour du saumon. Ajoutez un filet d'huile de truffe blanche si vous le souhaitez. Servir.

76. Saumon Poché

Ingrédients

- Petits filets de saumon, environ 6 onces

Instructions

a) Mettez environ un demi-pouce d'eau dans une petite poêle à frire de 5 à 6 pouces, couvrez-la, faites chauffer l'eau pour laisser mijoter, puis mettez le filet couvert pendant quatre minutes.
b) Ajoutez l'assaisonnement de votre choix au saumon ou à l'eau.
c) Les quatre minutes laissent le centre cru et très juteux.
d) Laisser le filet refroidit un peu et coupe-le en morceaux d'un pouce et demi de large .
e) À ajouter à une salade comprenant de la laitue (toute sorte), une bonne tomate, un bon avocat mûr, de l'oignon rouge, des croûtons et toute vinaigrette savoureuse.

77. Saumon poché avec salsa aux herbes vertes

Portions : 4 portions

Ingrédients

- 3 tasses d'eau
- 4 sachets de thé vert
- 2 gros filets de saumon (environ 350 grammes chacun)
- 4 cuillères à soupe d'huile d'olive extra vierge
- 3 cuillères à soupe de jus de citron fraîchement pressé
- 2 cuillères à soupe de persil fraîchement haché
- 2 cuillères à soupe de basilic fraîchement haché
- 2 cuillères à soupe d'origan fraîchement haché
- 2 cuillères à soupe de ciboulette asiatique, fraîchement hachée
- 2 cuillères à café de feuilles de thym
- 2 cuillères à café d'ail, émincé

Itinéraire :

a) Portez l'eau à ébullition dans une grande casserole. Ajoutez les sachets de thé vert, puis retirez du feu.
b) Laissez les sachets de thé infuser pendant 3 minutes. Sortez les sachets de thé de la théière et portez à ébullition l'eau infusée au thé. Ajoutez le saumon et baissez le feu.
c) Pocher les filets de saumon jusqu'à ce qu'ils deviennent opaques au milieu. Cuire le saumon pendant 5 à 8 minutes ou jusqu'à ce qu'il soit complètement cuit.
d) Retirez le saumon de la marmite et réservez.
e) Dans un mixeur ou un robot culinaire, versez toutes les herbes fraîchement hachées, l'huile d'olive et le jus de citron. Bien mélanger jusqu'à ce que le mélange forme une pâte lisse. Assaisonnez la pâte avec du sel et du poivre. Vous pouvez rectifier les assaisonnements si nécessaire.

f) Servir le saumon poché sur une grande assiette et garnir de pâte d'herbes fraîches.

78. Salade froide de saumon poché

Rendement : 2 portions

Ingrédients

- 1 cuillère à soupe Céleri haché
- 1 cuillère à soupe carottes hachées
- 2 cuillères à soupe oignons grossièrement hachés
- 2 tasses eau
- 1 tasse vin blanc
- 1 feuille de laurier
- 1½ cuillères à café sel
- 1 citron ; coupé en deux
- 2 brins de persil
- 5 grains de poivre noir
- 9 onces filet de saumon coupé au centre
- 4 tasses bébés épinards; nettoyé
- 1 cuillère à soupe jus de citron
- 1 cuillère à café Zeste de citron haché
- 2 cuillères à soupe aneth frais haché

- 2 cuillères à soupe Persil frais haché
- ½ tasse huile d'olive
- 1½ cuillères à café échalotes hachées
- 1 sel; goûter
- 1 poivre noir fraîchement moulu; goûter

Instructions

a) Dans une poêle peu profonde, mettre le céleri, les carottes, les oignons, le vin, l'eau, le laurier, le sel, le citron, le persil et les grains de poivre. Portez à ébullition, baissez le feu et déposez délicatement les morceaux de saumon dans le liquide frémissant, couvrez et laissez mijoter 4 minutes. Pendant ce temps, préparez la marinade.

b) Dans un bol, mélangez le jus de citron, le zeste, l'aneth, le persil, l'huile d'olive, les échalotes, le sel et le poivre. Versez la marinade dans une casserole ou un récipient non réactif à fond plat et juste assez d'espace pour déposer le saumon cuit. Retirez maintenant le saumon de la poêle et placez-le dans la marinade. Laisser refroidir 1 heure.

c) Mélanger les épinards dans un peu de marinade, assaisonner de sel et de poivre et répartir dans deux assiettes de service. À l'aide d'une spatule à fentes, déposer le saumon sur les épinards.

79. Saumon poché au riz gluant

Rendement : 1 portion

Ingrédients

- 5 tasses Huile d'olive
- 2 Têtes de gingembre ; brisé
- 1 Tête d'ail ; brisé
- 1 bouquet oignons verts ; émincé
- 4 Morceaux de saumon; (6 onces)
- 2 tasses Riz japonais; à la vapeur
- ¾ tasse Mirin
- 2 oignons verts ; émincé
- ½ tasse Cerises séchées
- ½ tasse Myrtilles séchées
- 1 Feuille de nori ; en miettes
- ½ tasse Jus de citron
- ½ tasse Bouillon de poisson
- ¼ tasse Vin de glace
- ¾ tasse Huile de pépins de raisin

- ½ tasse Maïs séché à l'air

Instructions

a) Dans une casserole, portez l'huile d'olive à 160 degrés. Ajouter le gingembre écrasé, l'ail et les oignons verts. Retirez le mélange du feu et laissez infuser 2 heures. Souche.

b) Faites cuire le riz à la vapeur puis assaisonnez avec le mirin. Une fois refroidi, incorporez les oignons verts émincés et séchés dans une casserole. Portez l'huile d'olive à 160 degrés. Ajouter le gingembre écrasé, l'ail et les oignons verts. Prenez les baies et les algues.

c) Pour préparer la sauce, porter à ébullition le jus de citron, le bouillon de poisson et le vin de glace. Retirer du feu et incorporer l'huile de pépins de raisin. Assaisonner de sel et de poivre.

d) Pour pocher le poisson, portez l'huile de pochage à environ 160 degrés dans une casserole profonde. Assaisonnez le saumon avec du sel et du poivre et plongez délicatement le morceau de poisson entier dans l'huile. Laisser pocher doucement pendant environ 5 minutes ou jusqu'à ce qu'il soit saignant à point.

e) Pendant que le poisson cuit, déposer la salade de riz dans une assiette et arroser de sauce citronnée. Mettez le poisson poché sur la salade de riz une fois le pochage terminé.

80. Filet De Saumon Aux Agrumes

Pour 4 personnes

Ingrédients

- ¾ kg de filet de saumon frais
- 2 cuillères à soupe de miel aromatisé à Manuka ou nature
- 1 cuillère à soupe de jus de citron vert fraîchement pressé
- 1 cuillère à soupe de jus d'orange fraîchement pressé
- ½ cuillère à soupe de zeste de citron vert
- ½ cuillère à soupe de zeste d'orange
- ½ pincée de sel et de poivre
- ½ citron vert tranché
- ½ Orange tranchée
- ½ poignée de thym frais et de micro-herbes

Instructions

a) Utiliser environ 1,5 kg + Filet de saumon Regal frais, avec la peau et les os.
b) Ajouter l'orange, le citron vert, le miel, le sel, le poivre et le zeste – bien mélanger
c) Une demi-heure avant la cuisson, badigeonner le filet avec un pinceau à pâtisserie et des agrumes liquides.
d) Trancher finement l'orange et le citron vert
e) Cuire au four à 190 degrés pendant 30 minutes puis vérifier, cela peut prendre encore 5 minutes selon la façon dont vous préférez votre saumon.
f) Retirer du four et saupoudrer de thym frais et de micro-herbes

81. Lasagne au saumon

Pour 4 personnes

Ingrédients

- 2/3 partie(s) de lait à pocher
- 2/3 grammes de feuilles de lasagne cuites
- 2/3 tasse(s) d'aneth frais
- 2/3 tasse(s) de pois
- 2/3 tasse(s) de parmesan
- 2/3 Boule de Mozzarella
- 2/3 de sauce
- 2/3 sac de bébés épinards
- 2/3 tasse(s) de crème
- 2/3 cuillère(s) à café de muscade

Instructions

a) Préparez d'abord les sauces béchamel et épinards et pochez le saumon. Pour la sauce béchamel, faites fondre le beurre dans une petite casserole. Incorporer la farine et cuire quelques minutes jusqu'à ce qu'elle soit mousseuse, en remuant constamment.

b) Ajoutez progressivement le lait tiède, en fouettant tout le temps, jusqu'à ce que la sauce soit onctueuse. Porter à légère ébullition en remuant continuellement jusqu'à ce que la sauce épaississe. Assaisonner au goût avec du sel et du poivre.

c) Pour préparer la sauce aux épinards, coupez et lavez les épinards. Avec de l'eau encore accrochée aux feuilles, placez les épinards dans une grande casserole, couvrez avec un couvercle et laissez mijoter doucement jusqu'à ce que les feuilles soient juste fanées.

d) Égouttez et essorez l'excès d'eau. Transférer les épinards dans un mixeur ou un robot culinaire, ajouter la crème et la muscade. Mélangez par impulsions puis assaisonnez avec du sel et du poivre.

e) Préchauffer le four à 180 degrés Celsius. Beurrer un grand plat allant au four. Pocher délicatement le saumon dans le lait jusqu'à ce qu'il soit juste cuit, puis le casser en morceaux de bonne taille. Jetez le lait.

f) Couvrir finement le fond du plat allant au four avec 1 tasse de sauce béchamel.

g) Étalez une couche superposée de feuilles de lasagne sur la sauce, puis étalez une couche de sauce aux épinards et disposez uniformément la moitié des morceaux de saumon dessus. Saupoudrer d'un peu d'aneth haché. Ajoutez une autre couche de lasagnes, puis ajoutez une couche de sauce béchamel et saupoudrez-la de petits pois pour une couverture rugueuse.

h) Répétez à nouveau les couches, donc ses lasagnes, épinards et saumon, aneth, lasagnes, sauce béchamel puis petits pois. Terminez par une dernière couche de lasagnes, puis une fine couche de sauce béchamel. Garnir de parmesan râpé et de morceaux de mozzarella fraîche.

i) Cuire les lasagnes pendant 30 minutes ou jusqu'à ce qu'elles soient chaudes

82. Filets de saumon teriyaki

Pour 4 personnes

Ingrédients

- 140 grammes 2 x jumeaux Regal 140g Portions de saumon frais
- 1 tasse(s) de sucre en poudre
- 60 ml de sauce soja
- 60 ml d'assaisonnement mirin
- 60 ml d'assaisonnement mirin
- 1 paquet de nouilles udon bio

Instructions

a) Faire mariner 4 morceaux de saumon Fresh Regal de 140 g avec du sucre semoule, de la sauce soja, de la sauce mirin, bien mélanger les 3 ingrédients et laisser reposer 30 minutes sur le saumon.

b) Faites bouillir de l'eau et ajoutez les nouilles udon bio et laissez-les bouillir rapidement pendant 10 minutes.

c) Trancher finement les échalotes et réserver.

d) Faites cuire les portions de filet de saumon dans une poêle à feu moyen-vif pendant 5 minutes, puis retournez-les d'un côté à l'autre en versant le surplus de sauce.

e) Une fois que les nouilles sont prêtes, étalez-les sur une assiette, garnissez de saumon.

83. Saumon à la peau croustillante et vinaigrette aux câpres

Pour 4 personnes

Ingrédients

- 4 filets de saumon frais de Nouvelle-Zélande, portions de 140 g
- 200 ml d'huile d'olive de première qualité
- 160 ml de vinaigre balsamique blanc
- 2 gousses d'ail écrasées
- 4 cuillères à soupe de câpres hachées
- 4 cuillères à soupe de persil haché
- 2 cuillères à soupe d'aneth haché

Instructions

a) Enduisez les filets de saumon de 20 ml d'huile d'olive et assaisonnez de sel et de poivre.

b) Cuire à feu vif dans une poêle antiadhésive pendant 5 minutes en retournant de haut en bas et d'un côté à l'autre.

c) Placez le reste des ingrédients dans un bol et fouettez, c'est votre vinaigrette, une fois le saumon cuit, versez la vinaigrette sur le filet, côté peau vers le haut.

d) Servir avec une salade de poires, noix, halloumi et roquette

84. Filet de saumon au caviar

Pour 4 personnes

Ingrédients

- 1 cuillère à café de sel
- 1 quartiers de citron vert
- 10 échalotes (oignons) pelées
- 2 cuillères à soupe d'huile de soja (en supplément pour le brossage)
- 250 grammes de tomates cerises coupées en deux
- 1 petit piment vert tranché finement
- 4 cuillères à soupe de jus de citron vert
- 3 cuillères à soupe de sauce de poisson
- 1 cuillère à soupe de sucre
- 1 poignée de brins de coriandre
- 1 1/2 kg de filet de saumon frais s/on b/out
- 1 pot d'œufs de saumon (caviar)

- 3/4 concombre pelé, coupé en deux dans le sens de la longueur, épépiné et tranché finement

Instructions

a) Préchauffer le four à 200 degC, mais les tranches de concombre dans un bol en céramique, avec le sel, laisser reposer 30 minutes en le laissant mariner.

b) Mettez les échalotes dans un petit plat à rôtir, ajoutez l'huile de soja, mélangez bien et mettez au four pendant 30 minutes, jusqu'à ce qu'elles soient tendres et bien dorées.

c) Retirer du four et laisser refroidir, pendant ce temps, bien laver le concombre salé, sous beaucoup d'eau froide courante, puis l'essorer par poignées et le placer dans un bol.

d) Préchauffez le gril du four à feu très chaud, coupez les échalotes en deux et ajoutez-les au concombre.

e) Ajouter les tomates, le piment, le jus de citron vert, la sauce de poisson, le sucre, les brins de coriandre et l'huile de sésame et bien mélanger.

f) Goûtez - si besoin ajustez la douceur, avec du sucre et du jus de citron vert - réservez.

g) Placer le saumon sur du papier sulfurisé huilé, badigeonner le dessus du saumon d'huile de soja, assaisonner de sel et de poivre, placer sous le gril pendant 10 minutes ou jusqu'à ce qu'il soit juste cuit et légèrement doré.

h) Retirer du four, glisser sur une assiette, saupoudrer du mélange de tomates et de concombres et de cuillerées d'œufs de saumon.

i) Servir avec des quartiers de citron vert et du riz

85. Darnes de saumon grillées aux anchois

Rendement : 4 portions

Ingrédient

- 4 Darnes de saumon
- Brins de persil
- Quartiers de citron ---beurre d'anchois-----
- 6 Filets d'anchois
- 2 cuillères à soupe Lait
- 6 cuillères à soupe Beurre
- 1 goutte Sauce tabasco
- Poivre

Instructions

a) Préchauffer le gril à feu vif. Huilez la grille du gril et placez chaque steak pour assurer une chaleur uniforme. Déposez une petite noix de beurre d'anchois (divisez un quart du mélange en quatre) sur chaque steak. Griller pendant 4 minutes.

b) Retournez les steaks avec une tranche de poisson et placez un autre quart du beurre parmi les steaks. Griller sur la deuxième face pendant 4 minutes. Réduisez le feu et laissez cuire encore 3 minutes, moins si les steaks sont fins.

c) Servir avec une noisette de beurre d'anchois soigneusement disposée sur chaque steak.

d) Garnir de brins de persil et de quartiers de citron.

e) Beurre d'anchois : Faire tremper tous les filets d'anchois dans le lait. Écraser dans un bol avec une cuillère en bois jusqu'à consistance crémeuse. Crémer tous les ingrédients ensemble et réfrigérer.

f) Pour 4 personnes.

86. Saumon fumé grillé B BQ

Rendement : 4 portions

Ingrédient

- 1 cuillère à café Zeste de citron vert râpé
- ¼ tasse Jus de citron vert
- 1 cuillère à soupe Huile végétale
- 1 cuillère à café Moutarde de Dijon
- 1 pincée Poivre
- 4 Darnes de saumon, 1 pouce d'épaisseur [1-1/2 lb.]
- ⅓ tasse Graines de sésame grillées

Instructions

a) Dans un plat peu profond, mélanger le zeste et le jus de lime, l'huile, la moutarde et le poivre; ajouter le poisson en le retournant pour l'enrober. Couvrir et laisser mariner à température ambiante pendant 30 minutes en retournant de temps en temps.

b) En réservant la marinade, retirez le poisson; saupoudrer de graines de sésame. Placer sur le gril graissé directement à feu moyen. Ajouter les copeaux de bois trempés.

c) Couvrir et cuire, en retournant et en arrosant de marinade à mi-cuisson, pendant 16 à 20 minutes ou jusqu'à ce que le poisson se défasse facilement lorsqu'on le teste à la fourchette.

87. Saumon grillé au charbon de bois et haricots noirs

Rendement : 4 portions

Ingrédient

- ½ livre Haricots noirs ; trempé
- 1 petit oignon; haché
- 1 petit Carotte
- ½ Côte de céleri
- 2 onces jambon; haché
- 2 Piments Jalapeno ; équeuté et coupé en dés
- 1 Gousse d'Ail
- 1 feuille de laurier; attachés ensemble avec
- 3 Brins de Thym
- 5 tasses Eau
- 2 gousses d'ail ; haché
- ½ cuillère à café Flocons de piment fort

- ½ Citron; jus
- 1 Citron; jus
- ⅓ tasse Huile d'Olive
- 2 cuillères à soupe basilic frais; haché
- 24 onces Darnes de saumon

Instructions

a) Mélanger dans une grande casserole les haricots, l'oignon, la carotte, le céleri, le jambon, les jalapenos, la gousse d'ail entière, le laurier au thym et l'eau. Laisser mijoter jusqu'à ce que les haricots soient tendres, environ 2 heures, en ajoutant plus d'eau si nécessaire pour garder les haricots couverts.

b) Retirez la carotte, le céleri, les herbes et l'ail et égouttez le reste du liquide de cuisson. Mélangez les haricots avec l'ail émincé, les flocons de piment fort et le jus d'un demi citron. Annuler.

c) Pendant que les haricots cuisent, mélangez le jus d'un citron entier, l'huile d'olive et les feuilles de basilic. Verser sur les pavés de saumon et réfrigérer 1 heure. Griller le saumon à feu moyen-vif pendant 4 à 5 minutes de chaque côté, en l'arrosant d'un peu de marinade toutes les minutes. Servir chaque steak avec une portion de haricots.

88. Saumon d'Alaska grillé aux pétards

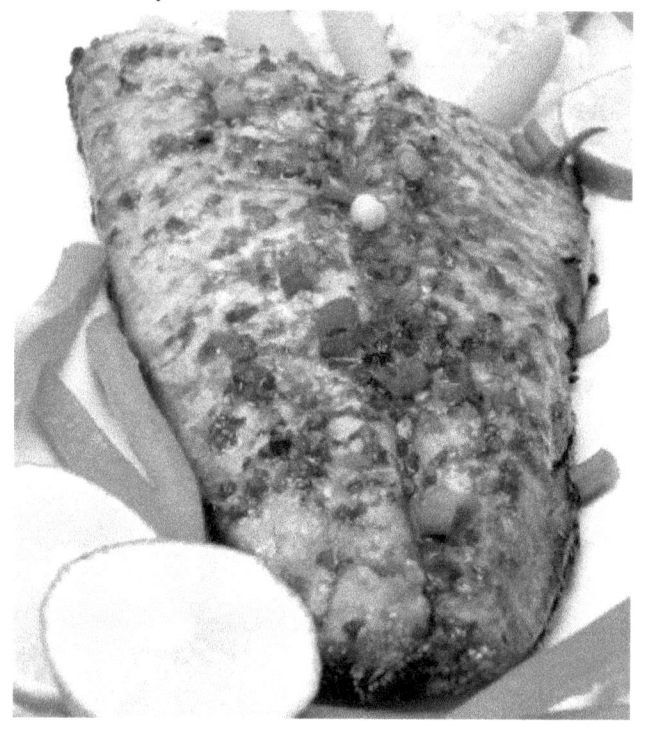

Rendement : 4 portions

Ingrédient

- 4 6 onces. steaks de saumon
- ¼ tasse Huile d'arachide
- 2 cuillères à soupe Sauce de soja
- 2 cuillères à soupe Vinaigre balsamique
- 2 cuillères à soupe oignons verts hachés
- 1½ cuillères à café Sucre roux
- 1 Gousse d'ail, hachée
- ¾ cuillère à café Racine de gingembre frais râpée
- ½ cuillère à café Flocons de piment rouge, ou plus pour
- Goût
- ½ cuillère à café Huile de sésame
- ⅛ cuillère à café Sel

Instructions

a) Disposez les pavés de saumon dans un plat en verre. Mélangez le reste des ingrédients et versez sur le saumon.

b) Couvrir d'une pellicule plastique et laisser mariner au réfrigérateur pendant 4 à 6 heures. Faites chauffer le gril. Retirez le saumon de la marinade, badigeonnez la grille d'huile et placez le saumon sur la grille.

c) Griller à feu moyen pendant 10 minutes par pouce d'épaisseur, mesuré à la partie la plus épaisse, en retournant à mi-cuisson, ou jusqu'à ce que le poisson se défasse lorsqu'il est testé à la fourchette.

89. Saumon grillé éclair

Rendement : 1 portion

Ingrédient

- 3 onces Saumon
- 1 cuillère à soupe Huile d'olive
- ½ Citron; jus de
- 1 cuillère à café Ciboulette
- 1 cuillère à café Persil
- 1 cuillère à café Poivre frais moulu
- 1 cuillère à soupe Sauce de soja
- 1 cuillère à soupe Sirop d'érable
- 4 Jaunes d'oeufs
- ¼ pinte Bouillon de poisson
- ¼ pinte Vin blanc
- 125 millilitres Crème double
- Ciboulette
- Persil

Instructions

a) Tranchez finement le saumon et placez-le dans un récipient contenant de l'huile d'olive, du sirop d'érable, de la sauce soja, du poivre et du jus de citron pendant 10 à 20 minutes.

b) Sabayon : Fouetter les œufs au bain marie. Faites réduire le vin blanc et le bouillon de poisson dans une poêle. Ajouter le mélange aux blancs d'œufs et fouetter. Ajouter la crème, toujours en fouettant.

c) Disposez les fines tranches de saumon sur l'assiette de service et arrosez d'un peu de sabayon. Passer sous le grill pendant 2-3 minutes seulement.

d) Retirer et servir aussitôt avec un peu de ciboulette et de persil.

90. Pâtes au saumon grillé et à l'encre de seiche

Rendement : 1 portion

Ingrédient

- 4 200g; (7-8oz) morceaux de filet de saumon
- Sel et poivre
- 20 millilitres huile végétale; (3/4 onces)
- Huile d'olive pour la friture
- 3 Gousses d'ail finement hachées
- 3 Tomates finement hachées
- 1 Oignon nouveau finement haché
- Assaisonnement
- 1 Brocoli

Instructions

a) Pâtes : vous pouvez acheter des sachets d'encre de seiche chez un bon poissonnier... ou utiliser vos pâtes préférées

b) Préchauffer le four à 240°C/475°F/thermostat 9.

c) Assaisonnez les morceaux de filet de saumon avec du sel et du poivre. Faites chauffer une poêle antiadhésive, puis ajoutez l'huile. Mettez le saumon dans la poêle et saisissez-le de chaque côté pendant 30 secondes.

d) Transférez le poisson sur une plaque à pâtisserie, puis faites-le rôtir pendant 6 à 8 minutes jusqu'à ce que le poisson se défasse, mais qu'il soit encore un peu rose au centre. Laisser reposer 2 minutes.

e) Transférer le poisson dans des assiettes chaudes et napper de sauce.

f) Faites cuire le brocoli avec les pâtes pendant environ 5 minutes.

g) Versez un peu d'huile dans la poêle, ajoutez l'ail, les tomates et les oignons nouveaux. Faites revenir à feu doux pendant 5 minutes, ajoutez le brocoli au dernier moment.

91. Saumon aux oignons grillés

POUR 8 À 10 PORTIONS

Ingrédients

- 2 tasses de copeaux de bois dur, trempés dans l'eau
- 1 gros saumon norvégien d'élevage (environ 3 livres), les arêtes retirées
- 3 tasses de saumure à fumer, à base de vodka
- ¾ tasse de Rub à fumer
- 1 cuillère à soupe d'aneth séché
- 1 cuillère à café de poudre d'oignon
- 2 gros oignons rouges, coupés en rondelles d'un pouce d'épaisseur
- ¾ tasse d'huile d'olive extra vierge 1 bouquet d'aneth frais
- Le zeste finement râpé d'1 citron 1 gousse d'ail hachée
- Gros sel et poivre noir moulu

Instructions

a) Mettez le saumon dans un sac géant à fermeture éclair (2 gallons). Si vous n'avez que des sacs de 1 gallon, coupez le poisson en deux et utilisez deux sacs. Ajoutez la saumure dans le(s) sac(s), expulsez l'air et scellez. Réfrigérer 3 à 4 heures.

b) Mélangez tout sauf 1 cuillère à soupe de mélange avec la poudre d'aneth et d'oignon séchés et réservez. Faire tremper les tranches d'oignon dans de l'eau glacée. Faites chauffer un gril à feu doux indirect, environ 225 iF, avec de la fumée. Égouttez les copeaux de bois et ajoutez-les au gril.

c) Retirez le saumon de la saumure et séchez-le avec du papier absorbant. Jetez la saumure. Enduisez le poisson avec 1 cuillère à soupe d'huile et saupoudrez le côté charnu du mélange contenant de l'aneth séché.

d) Retirez les oignons de l'eau glacée et séchez-les. Enduire d'1 cuillère à soupe d'huile et saupoudrer de la cuillère à soupe restante. Laissez reposer le poisson et les oignons pendant 15 minutes.

e) Badigeonner la grille du gril et bien frotter avec de l'huile. Placez le saumon, chair vers le bas, directement sur le feu et faites griller pendant 5 minutes jusqu'à ce que la surface soit dorée. À l'aide d'une grande spatule à poisson ou de deux spatules ordinaires, retournez le poisson côté peau vers le bas et placez-le sur la grille du gril, loin du feu. Mettez les tranches d'oignon directement sur le feu.
f) Fermez le gril et faites cuire jusqu'à ce que le saumon soit ferme à l'extérieur, mais pas sec et élastique au centre, environ 25 minutes. Une fois terminé, l'humidité perlera à travers la surface lorsque le poisson sera doucement pressé. Il ne doit pas s'écailler complètement sous la pression.
g) Retourner les oignons une fois pendant la cuisson.
h)

92. Saumon sur planche de cèdre

Portions : 6

Ingrédients

- 1 planche de cèdre non traitée (environ 14" x 17" x 1/2")
- 1/2 tasse de vinaigrette italienne
- 1/4 tasse de tomates séchées hachées
- 1/4 tasse de basilic frais haché
- 1 filet de saumon (2 livres) (1 pouce d'épaisseur), peau enlevée

Instructions

a) Plongez complètement la planche de cèdre dans l'eau, en plaçant un poids dessus pour la maintenir totalement recouverte. Faire tremper au moins 1 heure.
b) Préchauffer le gril à feu moyen - vif.
c) Dans un petit bol, mélanger la vinaigrette, les tomates séchées au soleil et le basilic; annuler.
d) Retirez la planche de l'eau. Placer le saumon sur la planche; placer sur le gril

et fermer le couvercle. Griller 10 minutes puis badigeonner le saumon du mélange de vinaigrette. Fermez le couvercle et faites griller encore 10 minutes, ou jusqu'à ce que le saumon se défasse facilement à la fourchette.

93. Saumon fumé à l'ail

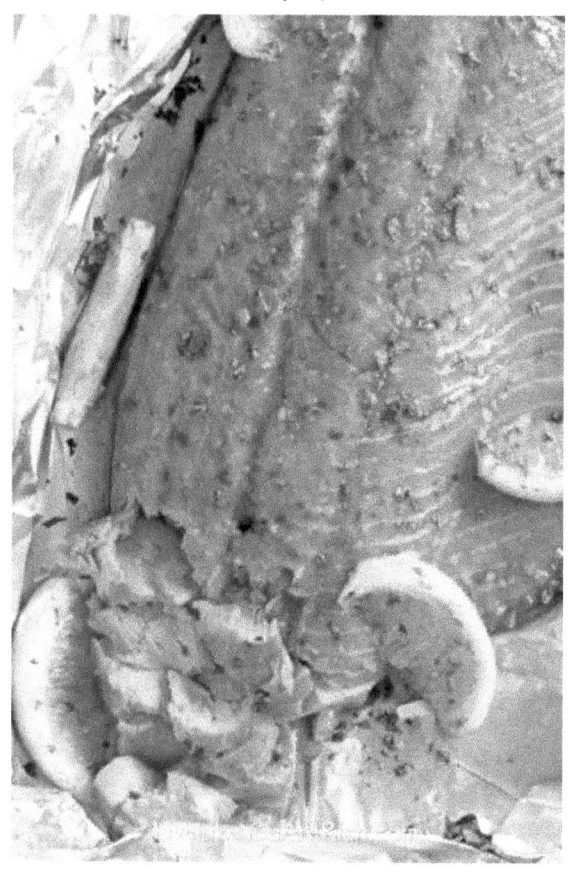

Pour 4 personnes

Ingrédients

- 1 1/2 livres. filet de saumon
- sel et poivre au goût 3 gousses d'ail hachées
- 1 brin d'aneth frais haché 5 tranches de citron
- 5 brins d'aneth frais
- 2 oignons verts, hachés

Instructions

a) Préparez le fumoir à 250°F.
b) Vaporiser deux grands morceaux de papier d'aluminium avec un enduit à cuisson.
c) Placer le filet de saumon sur un morceau de papier d'aluminium. Saupoudrer le saumon de sel, poivre, ail et aneth haché. Disposez les tranches de citron sur le filet et placez un brin d'aneth sur chaque tranche de citron. Saupoudrer le filet d'oignons verts.
d) Fumez pendant environ 45 minutes.

94. Saumon grillé aux pêches fraîches

Portions : 6 portions

Ingrédients

- 6 filets de saumon de 1 pouce d'épaisseur
- 1 grosse boîte de pêches tranchées, variété sirop léger
- 2 cuillères à soupe de sucre blanc
- 2 cuillères à soupe de sauce soja légère
- 2 cuillères à soupe de moutarde de Dijon
- 2 cuillères à soupe de beurre non salé
- 1 bouton de gingembre frais de 1 pouce, râpé
- 1 cuillères à soupe d'huile d'olive, variété extra vierge
- Sel et poivre au goût
- Coriandre fraîchement hachée

Itinéraire :

a) Égouttez les pêches tranchées et réservez environ 2 cuillères à soupe de sirop léger. Coupez les pêches en petits morceaux.

b) Disposez les filets de saumon dans un grand plat allant au four.

c) Dans une casserole moyenne, ajouter le sirop de pêche réservé, le sucre blanc, la sauce soja, la moutarde de Dijon, le beurre, l'huile d'olive et le gingembre. Continuez à remuer à feu doux jusqu'à ce que le mélange épaississe un peu. Ajoutez du sel et du poivre selon votre goût.

d) Éteignez le feu et étalez généreusement un peu du mélange sur les filets de saumon à l'aide d'un pinceau à badigeonner.

e) Ajouter les pêches tranchées dans la casserole et bien les enrober de glaçage.

Versez les pêches glacées sur le saumon et répartissez uniformément.

f) Cuire le saumon environ 10-15 minutes à 420F. Gardez un œil attentif sur le saumon afin que le plat ne brûle pas.

g) Saupoudrez de coriandre fraîchement hachée avant de servir.

95. Saumon fumé et fromage à la crème sur pain grillé

Portions : 5 portions

Ingrédients

- 8 tranches de baguette française ou de pain de seigle
- ½ tasse de fromage à la crème, ramolli
- 2 cuillères à soupe d'oignon blanc, tranché finement
- 1 tasse de saumon fumé, tranché
- ¼ tasse de beurre, variété non salée
- ½ cuillère à café d'assaisonnement italien
- Feuilles d'aneth, finement hachées
- Sel et poivre au goût

Itinéraire :

a) Dans une petite poêle, faire fondre le beurre et ajouter progressivement l'assaisonnement italien. Répartir le mélange sur les tranches de pain.

b) Faites-les griller quelques minutes à l'aide d'un grille-pain.

c) Étalez un peu de fromage à la crème sur le pain grillé. Garnir ensuite de saumon fumé et de fines tranches d'oignon rouge. Répétez le processus jusqu'à ce que toutes les tranches de pain grillées soient utilisées.

d) Transférer dans un plat de service et garnir de feuilles d'aneth finement hachées.

96. Salade de saumon grillé au gingembre

Rendement : 4 portions

Ingrédients

- ¼ tasse Yaourt nature sans gras
- 2 cuillères à soupe Gingembre frais finement haché
- 2 Gousses d'ail, hachées finement
- 2 cuillères à soupe Jus de citron vert frais
- 1 cuillère à soupe Zeste de citron vert fraîchement râpé
- 1 cuillère à soupe Chéri
- 1 cuillère à soupe Huile de canola
- ½ cuillère à café Sel
- ½ cuillère à café Poivre noir fraîchement moulu
- 1¼ livres Filet de saumon, 1 pouce d'épaisseur, coupé en 4 morceaux, avec la peau et les arêtes retirées
- Salade de cresson et gingembre mariné

- Quartiers de citron vert pour la garniture

Itinéraire :

a) Dans un petit bol, fouetter ensemble le yaourt, le gingembre, l'ail, le jus de citron vert, le zeste de citron vert, le miel, l'huile, le sel et le poivre.

b) Placez le saumon dans un plat en verre peu profond et versez la marinade dessus, en retournant le saumon pour l'enrober de tous les côtés. Couvrir et laisser mariner au réfrigérateur pendant 20 à 30 minutes en retournant une ou deux fois.

c) Pendant ce temps, préparez un feu de charbon de bois ou préchauffez un gril à gaz. (N'utilisez pas de poêle à griller, le saumon y collera.) 3. À l'aide d'une brosse à barbecue à long manche, enduisez la grille d'huile.

d) Placer le saumon, peau vers le haut, sur le gril. Cuire 5 minutes. À l'aide de 2 spatules métalliques, retournez délicatement les morceaux de saumon et faites cuire jusqu'à ce qu'ils soient opaques au centre, 4 à 6 minutes de plus. Avec 2 spatules, retirez le saumon du gril. Retirez la peau.

e) Mélanger la salade de cresson avec la vinaigrette et répartir dans 4 assiettes. Garnir d'un morceau de saumon grillé. Garnir de quartiers de citron vert. Servir immédiatement.

97. Saumon grillé avec une salade de fenouil

Rendement : 2 portions

Ingrédient

- 2 140 g de filets de saumon
- 1 fenouil bulbe; finement tranché
- ½ Poires; finement tranché
- Quelques morceaux de noix
- 1 pincée Graine de cardamome écrasée
- 1 Orange; segmenté, jus
- 1 bouquet Coriandre; haché
- 50 grammes Fromage frais léger
- 1 Pincées de cannelle en poudre
- Sel gemme en flocons et poivre noir moulu

Itinéraire :

a) Assaisonnez le saumon avec du sel et du poivre et faites-le griller sous le grill.

b) Mélangez la poire avec le fenouil et assaisonnez avec beaucoup de poivre noir, de cardamome et de noix.

c) Mélangez le jus et le zeste d'orange avec le fromage frais et ajoutez un peu de cannelle. Disposez un tas de fenouil au centre de l'assiette et dentellez le saumon dessus. Décorer l'extérieur de l'assiette avec des quartiers d'orange et arroser de fromage frais à l'orange.

d) Le fenouil réduit les effets toxiques de l'alcool sur l'organisme et est un bon digestif.

98. Saumon grillé avec pomme de terre et cresson

Rendement : 6 portions

Ingrédient

- 3 livres Petit rouge à peau fine
- Pommes de terre
- 1 tasse Oignon rouge émincé
- 1 tasse Vinaigre de riz assaisonné
- Environ 1/2 livre de cresson
- Rincé et croustillant
- 1 Filet de saumon, environ 2 livres.
- 1 cuillère à soupe Sauce de soja
- 1 cuillère à soupe Cassonade bien tassée
- 2 tasses Copeaux de bois d'aulne ou de mesquite
- Trempé dans l'eau
- Sel

Itinéraire :

a) Dans une casserole de 5 à 6 litres, porter à ébullition environ 2 litres d'eau à feu vif ; ajouter les pommes de terre. Couvrir et laisser mijoter à feu doux jusqu'à ce que les pommes de terre soient tendres une fois percées, 15 à 20 minutes. Égoutter et réfrigérer.

b) Faire tremper les oignons environ 15 minutes dans de l'eau froide pour les couvrir. Égouttez et mélangez les oignons avec le vinaigre de riz. Couper les pommes de terre en quartiers; ajouter aux oignons.

c) Coupez les brins de cresson tendres des tiges, puis hachez finement suffisamment de tiges pour obtenir $\frac{1}{2}$ tasse (jetez les extras ou conservez-les pour d'autres utilisations). Mélanger les tiges hachées sur un grand plat ovale avec la salade de pommes de terre; couvrir et réserver au frais. Rincez le saumon et séchez-le. Placer, côté peau vers le bas, sur un morceau de papier d'aluminium épais. Couper le papier d'aluminium pour suivre les contours du poisson, en laissant une bordure de 1 pouce.

d) Sertissez les bords du papier d'aluminium pour qu'ils s'adaptent au bord du poisson. Mélanger la sauce soja avec la cassonade et badigeonner le filet de saumon.

e) Disposez le poisson au centre du gril, pas sur des braises ou une flamme. Couvrir le barbecue (ouvrir les évents pour le charbon de bois) et cuire jusqu'à ce que le poisson soit à peine opaque dans la partie la plus épaisse (couper pour tester), 15 à 20 minutes. Transférer le poisson dans une assiette avec la salade. Ajoutez du sel au goût. Servir chaud ou froid.

ESPADON

99. Espadon au sésame mandarine

Pour : 4

Ingrédient

- 1/2 tasse de jus d'orange frais
- 2 cuillères à soupe de sauce soja
- 2 cuillères à café d'huile de sésame
- 2 cuillères à café de gingembre frais râpé
- 4 (6 onces) steaks d'espadon
- 1 boîte (11 onces) de mandarines, égouttées
- 1 cuillère à soupe de graines de sésame grillées

Instructions

a) Dans un grand sac de conservation en plastique refermable, mélanger le jus d'orange, la sauce soja, l'huile de sésame et le gingembre ; ajouter le poisson, sceller le sac et laisser mariner au réfrigérateur pendant 30 minutes. Retirer le poisson de la marinade et réserver la marinade.

b) Préchauffer le gril à feu moyen - vif.

c) Placer le poisson sur une grille huilée. Griller le poisson 6 à 7 minutes de chaque côté ou jusqu'à ce qu'il se défasse facilement à la fourchette.

d) Pendant ce temps, versez la marinade réservée dans une casserole et portez à ébullition à feu vif. Laisser bouillir jusqu'à réduction et épaississement. Ajouter les mandarines et verser sur l'espadon.
e) Saupoudrer de graines de sésame et servir.

100. Steaks d'espadon épicés

Ingrédient

- 4 (4 oz) steaks d'espadon
- 1/4 cuillères à café de Cayenne, thym et origan
- 2 cuillères à soupe de Paprika
- 2 cuillères à soupe de margarine ou de beurre (fondu)
- 1/2 cuillères à café de sel, poivre, oignon et poudre d'ail

Instructions

a) Pour l'apéritif, coupez les steaks d'espadon en petites lanières. Pour un repas, laissez les steaks d'espadon entiers. Mélangez toutes les saisons ensemble. Tremper le poisson dans le beurre fondu. Enduisez les deux côtés d'assaisonnement. Placer sur le gril.

b) Cuire environ 4 minutes; retourner et cuire environ 4 minutes de plus ou jusqu'à ce que le poisson soit ferme et feuilleté. Donne 4 portions.

CONCLUSION

Les fruits de mer font partie des aliments les plus commercialisés qui fournissent des aliments locaux essentiels et représentent une part majeure dans l'économie de nombreux pays. Les poissons et les crustacés sont deux grandes classes de poissons qui comprennent le poisson blanc, les poissons riches en huile, les mollusques et les crustacés.

Les fruits de mer sont considérés comme une excellente source de divers composés nutritionnels comme les protéines, les graisses saines (acides gras polyinsaturés, notamment oméga-3 et oméga-6), l'iode, la vitamine D, le calcium, etc. et ces composés ont des effets préventifs sur de nombreuses maladies cardiaques et troubles auto-immuns.